Ernest Renan

Joachim de Flore
et
l'Évangile éternel

INTRODUCTION

L'idée fondamentale du christianisme naissant fut la foi à l'inauguration prochaine d'un royaume de Dieu qui renouvellerait le monde et y fonderait l'éternelle félicité des saints. Jésus, à plusieurs reprises, déclara que ceux qui l'écoutaient ne goûteraient pas la mort avant d'avoir été témoins de son avènement ; toute la première génération chrétienne croyait à chaque instant voir poindre dans le ciel le grand signe qui devait annoncer la venue du Fils de l'homme ; l'auteur de l'Apocalypse, plus hardi, voulut supputer les jours. Lorsque, le monde s'obstinant à durer, de complaisantes explications eurent ménagé une retraite à ces annonces trop précises, le levain d'espérances infinies qui était au sein de la religion nouvelle ne périt point pour cela. Une famille non interrompue d'enthousiastes, en un sens très vrais disciples de Jésus, se continua de siècle en siècle, annonçant le prochain accomplissement de l'idéal promis. Ce grand instinct d'avenir a été la force du christianisme, le secret de sa jeunesse sans cesse renaissante. Les congrégations de «saints du dernier jour» qui se multiplient encore en Angleterre et aux États-Unis, que sont-elles à leur manière, si ce n'est un reste du vieil esprit, un fruit direct de l'Apocalypse, un parti de millénaristes attardés, gardant en plein XIXe siècle les espérances qui firent la consolation des premiers croyants ?

Entre toutes les utopies qu'ont fait naître ces aspirations vers un état nouveau de l'humanité, devant réaliser ce qui n'avait été jusque-là que figure et prophétie, la plus originale sans contredit a été la tentative de la secte religieuse et monastique qui, au XIIIe siècle, prétendit réformer l'Église et le monde, et inscrivit hardiment sur son drapeau *l'Évangile éternel*.

Le mauvais succès de cette tentative et les rigueurs dont elle fut l'objet ont détruit les monuments qui nous l'eussent directement fait connaître. Il faut aujourd'hui la plus minutieuse enquête pour retrouver la trace de ces hardies nouveautés, et souvent, dans l'étude qu'on va lire, nous devrons nous rapprocher des formes reçues dans les recueils d'érudition. Mais le fait qui nous occupe est le plus extraordinaire peut-être du plus grand siècle du moyen âge ; rien ne doit paraître fastidieux ou puéril, quand il s'agit de ranimer le souvenir de ceux qui ont aimé l'humanité et souffert en croyant la servir.

I

—

JOACHIM DE FLORE

Un nom à demi légendaire brille en tête de la doctrine de *l'Évangile éternel*. Vers la fin du XIIᵉ siècle et dans les premières années du XIIIᵉ, vécut en Calabre un saint abbé de l'ordre de Cîteaux, nommé Joachim[1]. Placé sur les confins de l'Église grecque et de l'Église latine, il vit avec une rare clairvoyance l'état général de la chrétienté. Tout le monde latin le reconnut pour prophète ; un ordre nouveau, celui de Flore, tira son nom du lieu, voisin de Cosence, où il se retira. L'étroite et soupçonneuse théologie scolastique, qui devait bientôt dessécher tous les bons germes que le siècle portait en son sein, n'était pas encore dominante. La doctrine de Joachim ne fut jamais attaquée de son vivant. Il fut fort honoré des papes Lucius III et Clément III. On convenait généralement qu'il avait reçu, pour expliquer les oracles obscurs contenus dans les livres saints, des lumières surnaturelles et une assistance spéciale.

Doué d'une imagination ardente, le Calabrais enthousiaste conçut dans ses rapports fréquents avec l'Église grecque, gardienne plus fidèle de l'ancienne discipline, et peut-être avec quelque branche de l'Église cathare, une grande aversion contre l'organisation de l'Église latine, contre l'intrusion de la féodalité dans les choses sacrées, contre les mœurs corrompues et mondaines du haut clergé simoniaque. L'idée qui, trois siècles plus tard, amènera une révolution religieuse, je veux dire la profonde dissemblance de l'Église du moyen âge et de l'Église primitive, est déjà chez lui tout entière. La Bible et surtout les prophètes, dont il faisait sa lecture habituelle, lui révélèrent une philosophie de l'histoire qu'il appliquait sans hésiter au présent, par laquelle même il prétendait régler l'avenir. Les destinées de l'Église catholique, telle que l'avait faite le cours des siècles, lui parurent toucher à leur terme. L'Église grecque, disait-il parfois, est Sodome, l'Église latine est Gomorrhe[2]. Il sembla croire que la doctrine du Christ n'était pas définitive, et que le règne du Saint-Esprit, obscurément promis par l'Évangile, n'était pas encore fondé.

De telles pensées venaient spontanément, dans les pays les plus divers, aux

---

[1] Voir sa vie dans les Bollandistes, Acta SS. Maii, t. VII, p. 93 ss.
[2] Lettre *Loquens Dominus Ezechieli*, n° 38 de Saint-Germain, dernier folio, verso.

âmes qui ressentaient les angoisses du temps. Les courageux hérétiques, disciples d'Amauri de Bène, brûlés aux Champeaux en décembre 1210, professaient exactement les mêmes idées[3], et rien absolument ne fait croire qu'ils aient eu la moindre connaissance des doctrines de Joachim.

Comme remède à la corruption du siècle, Joachim de Flore semble avoir déjà rêvé la pauvreté. Il prédit, à ce qu'on assure, l'apparition d'un ordre composé d'hommes spirituels, qui dominerait d'une mer à l'autre et jouirait de la vision du Père ; mais ce que vingt ans plus tard devait réaliser François d'Assise, Joachim ne fit que l'entrevoir. Son ordre de Flore n'acquit jamais une bien grande importance, et les doutes graves qui pesèrent après sa mort sur son orthodoxie empêchèrent l'opinion de sa sainteté de prévaloir d'une manière définitive en dehors de la Calabre. La physionomie de cet homme étrange, entourée d'une auréole de mystère, resta toutefois vivement empreinte dans le souvenir de ses contemporains. La légende s'en empara de très bonne heure. On raconta de lui d'innombrables miracles, on lui fit prédire les révolutions de l'Église et des empires. L'imagination dès lors ne s'arrêta plus. Dante lui donne un brevet formel de prophète[4]. C'est encore un curieux spectacle que celui des manuscrits assez nombreux qui contiennent les prédictions attribuées à Joachim. On voit qu'ils ont été lus avec foi et anxiété. Les marges sont chargées de notes : *Nota, nota, nota ! Nota bene ! Nota mirabilem prophetiam !* Au bas de la page, des chiffres et des calculs ; le lecteur inquiet a voulu supporter ses terreurs et voir si les redoutables événements annoncés par le livre s'accompliront bientôt[5].

Joachim est d'ordinaire présenté comme l'auteur de *l'Évangile éternel*. Tout le moyen âge, depuis le milieu du XIIIe siècle, a cru, et les critiques modernes ont généralement admis que ce mot d'*Évangile éternel* fut le titre d'un livre secret, dont on essayait méchamment de substituer la doctrine à l'Évangile du Christ. Des doutes s'élèvent sur ce point, lorsqu'on voit la plupart des auteurs contemporains ne parler d'un tel livre que vaguement, sur ouï-dire, et sans jamais le citer textuellement, quand on remarque, d'ailleurs, entre leurs témoignages les contradictions les plus flagrantes sur la nature et l'origine du livre. En voyant ce volume introuvable servir d'aliment et de prétexte aux passions et aux intérêts qui se disputaient le monde au XIIIe siècle, on est par moment tenté de le placer dans la même catégorie que le livre *Des Trois imposteurs*, qui bien certainement

---

[3] Voir le mémoire de M. Hauréau dans la Revue archéologique, déc. 1864. Cf. Fleury, livr-LXXVI, n° 59.
[4] Paradis, XII, p. 140-141.
[5] Voir par exemple le manuscrit : Ancien fonds latin, n° 427.

n'a jamais existé[6], au rang de ces chimères créées par la calomnie, et toujours tenues en réserve contre ceux qu'il importe de perdre. Le mot d'*Évangile éternel*, en effet, pris comme le nom d'une école, apparaît pour la première fois dans le monde théologique en 1254. C'était le moment où les querelles de l'Université avec les ordres mendiants et des ordres mendiants entre eux avaient atteint le plus haut degré de vivacité. *L'Évangile éternel* devint dans cette mêlée générale une arme pour les différents partis. Les dominicains le reprochaient aux franciscains et ceux-ci aux disciples de saint Dominique. L'Université, par l'organe de Guillaume de Saint-Amour, en accusait les mendiants, et, en vertu d'un singulier retour, Guillaume de Saint-Amour en passait lui-même pour l'auteur aux yeux de l'opinion[7].

À bien des égards, nous pouvons mieux que les contemporains démêler ces confusions. Certes *l'Évangile éternel* ne provient ni des dominicains ni de l'Université ; il provient de cette fraction dissidente de la famille de saint François qui, gardant, au milieu de l'amollissement général de l'ordre, l'esprit du fondateur, continua de croire, durant le XIIIe siècle et une partie du XIVe, que la règle séraphique renfermait le principe d'une génération de l'humanité, un second Évangile supérieur au premier par sa perfection et par la durée qui lui était assurée. Sur ce point, le doute n'est plus permis ; mais sur tout le reste que d'incertitudes ! A-t-il réellement existé un livre intitulé *l'Évangile éternel*? S'il a existé, quel en est l'auteur? Ce livre est-il conservé en tout ou en partie? Reste-t-il quelque espérance de le retrouver? Telles sont les questions que je vais essayer de résoudre au moyen de certains documents inédits, ou dont la critique n'a pas encore tiré tout le parti possible. Les écrits de Joachim, en toute hypothèse, ayant été le prétexte et ayant fourni la matière de *l'Évangile éternel*, une discussion critique de l'authenticité des ouvrages de Joachim doit précéder toute recherche sur le sujet qui nous occupe. Ce travail n'ayant trouvé place dans aucun recueil d'histoire littéraire ou ecclésiastique, je suis obligé de l'entreprendre ici.

---

[6] Voir mon essai sur *Averroès et l'Averroïsme*.

[7] Voir l'article de M. Daunou sur Jean de Parme, dans le t. XX de *l'Histoire littéraire de la France*, p. 23 ss, et les additions aux articles de Guillaume de Saint-Amour et de Gérard d'Abbeville, dans le t. XXI, p. 468 ss.

II

—

DISCUSSION SUR L'AUTHENTICITÉ
DES OUVRAGES DE JOACHIM DE FLORE

Dans une lettre en guise de testament, datée de l'an 1200[8], Joachim, exposant avec détail l'état où se trouvaient alors ses écrits, mentionne comme terminés trois ouvrages : la *Concorde de l'Ancien et du Nouveau Testament*, le *Commentaire sur l'Apocalypse* et le *Psaltérion décacorde*, « sans parler, ajoute-t-il, de quelques opuscules contre les Juifs et contre les adversaires de la foi catholique ».

Ces trois écrits sont les seuls grands ouvrages attribués à Joachim dont l'authenticité soit bien établie. Joachim mourut le 30 mars 1202, selon l'opinion la plus probable ; en tout cas, il mourut peu après 1200. On ne peut croire qu'en ses deux ou trois dernières années il ait composé les autres ouvrages qu'on lui attribue, et qui forment à eux seuls une masse plus volumineuse que les livres dont la rédaction occupa le reste de sa vie. Luc, depuis archevêque de Cosence, qui fut son secrétaire, ne mentionne que les trois ouvrages précités[9]. Guillaume de Saint-Amour, combattant ses erreurs, n'en connaît pas d'autres[10]. Les cardinaux qui condamnèrent sa doctrine à Anagni ne citent qu'une lettre en dehors de ces trois écrits. Florent, évêque de Saint-Jean-d'Acre, qui remplit les fonctions de promoteur en cette affaire, n'allègue que les trois grands ouvrages. Guillaume d'Auvergne ne mentionne que le *Commentaire sur l'Apocalypse* et *la Concorde*[11]. Enfin nous montrerons bientôt que les autres livres dont on a grossi les œuvres du saint abbé portent tous les caractères intrinsèques de la supposition.

Les trois grands ouvrages authentiques dont nous venons de parler ont été imprimés plusieurs fois et se trouvent dans un grand nombre de manuscrits.

---

[8] On petit la lire en tête des éditions de *la Concorde de l'Ancien et du Nouveau Testament* (Venise, 1519), et du *Commentaire sur l'Apocalypse* (Venise, 1527) ou dans d'Argentré, *Collectio judiciorum*, I, p. 121, ou dans les Bollandistes, loc. cit, p. 104. M. Preger croit que cette lettre a été fabriquée vers le milieu du XIIIᵉ siècle avec les écrits apocryphes de Joachim. Mais il semble bien que le 4ᵉ concile de Latran (1215) l'a visée (Labbe, *Conciles*, XI, Iᵉ part., col. 148).

[9] Act. SS., l. C., p. 93.

[10] Dans Martène et Durand, *Amplissima Collectio*, t. IX, col. 1323. Voir *Histoire littéraire de la France*, t. XXI, p. 474.

[11] *De Virtutibus*, c. XI, p. 152, Paris, 1674.

Nous n'avons donc pas à les décrire. Il importe seulement d'observer que les éditions ont été faites avec beaucoup de négligence et qu'il a pu se glisser dans le texte des gloses et des additions n'appartenant pas à Joachim. Il faut aussi remarquer que les six livres du *Commentaire sur l'Apocalypse* sont précédés d'un *Liber introductorius in Expositionem Apocalypsis*, qui est souvent présenté comme un ouvrage à part, sous le titre d'*Enchiridion* ou *Apocalypsis nova*[12].

Le traité contre les Juifs dont Joachim nous parle dans son testament paraît se trouver dans un manuscrit de Dresde[13] et se rattacher à la *Concorde*.

Aux ouvrages authentiques de Joachim, il faut cependant, à ce qu'il semble, ajouter deux lettres:

1° Une lettre inédite adressée à tous les fidèles et commençant par ces mots: *Loquens Dominus Ezechieli Prophetæ*; on la trouve dans les manuscrits 3595 de l'ancien fonds, fol. 19, verso; Saint-Germain, 58, dernier feuillet, verso; Sorbonne, 1726, fol. 59;

2° Une lettre *De articulis fidei, ad quemdam filium suum Joannem*, identique sans doute à un traité *De articulis fidei* mentionné dans les anciennes listes des écrits de Joachim[14]. Cet ouvrage n'est connu que par l'extrait qu'on en trouve dans les procès-verbaux de la commission d'Anagni qui condamna *l'Évangile éternel* en 1255, procès-verbaux dont nous parlerons bientôt[15]. Joachim recommande à son disciple de tenir le livre soigneusement caché, pour échapper aux soupçons de faux zélés qui ne cherchent que des prétextes pour crier au scandale. On comprend que le caractère ésotérique et secret que Joachim voulut donner à

---

[12] Ms. Sorb., 1726, fol. 92 v., lignes 27 et 28; fol. 103, lignes 2 et 3. — Ce même ouvrage, dans le n° 427 de l'ancien fonds latin, est intitulé, je ne sais pourquoi, *Liber de diversitate mysteriorum Dei*. — Voir de Visch, Biblioth. Cisterciencis p. 172.

[13] Katalog der Handschriften der Bibl. zu Dresden, t. 1, p. 57 — Cf. De Visch, *Bibl. Cisterc.*, p. 172; Trithème, n° 389.

[14] Joachim abbatis et Florensis ordinis chronologia (Cosence, 1612), p. 92. — Acta SS. Maii, t. VII, p. 103, 105. Les Bollandistes n'ont émis sur cet ouvrage que des conjectures invraisemblables.

[15] On y lit (fol. 14 v. du ms. de Sorbonne, 1725): «Idem habetur apertius in libello ipsius Ioachim De articulis fidei, descripto ad quemdam filium suum Iohannem, quod opus suspectum est ex ipso prologo, ubi sic incipit dicens: "Rogasti me attentius, fili Iohannes, ut tibi compilatos trederem articulos fidei, et notarem illa quæ occurrerent Scripturarum loca, in quibus solent simplices frequenter errare. Ecce in subjecta pagina invenies quod petisti. Tene apud te, et lege sub silentio, observans ne perveniat ad manus eorum qui rapiunt verba de convallibus, et currunt cum clamore, ut vocentur ab hominibus Rabbi, habentes quidem speciem pietatis, virtutem autem ejus penitus abnegantes." Ecce qualiter in hoc prologo vult iste Ioachim articulos fidei legi in abscondito, more hæreticorum qui in conventiculis dogmatizant. Item inhibet ne tractatus suus veniat ad manus magistrorum, quos etiam tam impudenter quam superbe vituperat.»

cet écrit ait empêché les copies de se répandre. C'était là peut-être qu'il soutenait sur la Trinité ces doctrines, opposées à celles de Pierre Lombard, qui lui attirèrent une condamnation au quatrième concile de Latran[16]. Les procès-verbaux d'Anagni contiennent encore deux fragments du même ouvrage, l'un extrait du premier chapitre, intitulé : *De fide Trinitatis*, l'autre du dernier, intitulé : *Confessio fidei ejus, id est Joachim* (fol. 185) ; mais ces extraits ne renferment que des arguties théologiques d'un médiocre intérêt pour la critique.

Peut-être faut-il aussi regarder comme appartenant à Joachim deux hymnes sur le paradis, l'une en vers saphiques, l'autre en vers trochaïques, que l'on trouve dans les éditions de ses œuvres à la suite du *Psaltérion décacorde*. La seconde de ces compositions, présentant le récit d'un voyage dans le monde surnaturel, est curieuse comme antécédent de *La divine Comédie*[17].

Abordons maintenant la discussion des ouvrages qui ont été attribués à Joachim, et que la critique peut ou doit lui contester[18].

Le plus important est le *Commentaire sur Jérémie*[19] censé être dédié à l'empereur Henri VI et imprimé plusieurs fois à Venise. Le caractère de cet écrit est fort différent de celui des ouvrages authentiques de Joachim. Quand Joachim veut être prophète, il l'est sobrement et avec réserve. Il ne nomme personne : les événements sont à peine indiqués, l'ampleur du style biblique lui permet ces phrases vagues qui deviennent prophétiques quand les événements s'y prêtent, sans être compromettantes quand les faits prennent un autre tour. Le *Commentaire sur Jérémie*, au contraire, est d'une extrême précision. Les allusions aux événements du XIIIe siècle y sont évidentes. Frédéric II, qui n'avait que deux ans à l'époque où Joachim aurait écrit cet ouvrage, est déjà désigné par les métaphores habituelles

---

[16] Le concile semble cependant avoir en vue un traité distinct. «Libellum sive tractatum quem abbas Joachim edidit contra magistrum Petrum Lombardum, de unitate seu essentia Trinitatis.» Labbe, *Conc.*, t. XI, première part., p. 144 ss, 240 ; d'Argentré, *Coll. jud.*, I, p. 120-121. Voir de Visch, *Bibl. Cisterc.*, p. 173 ; Trithème, *De script. eccl.*, n° 389 de Lauro, dans de Riso, p. 150-151.

[17] Ni M. Ozanam, ni M. Labitte, ni M. Thomas Wright n'ont, je crois, parlé de cette pièce dans leurs travaux sur les origines de la trilogie dantesque.

[18] Quelques indications de Lauro, de Trithème, de Visch sont trop vagues pour être discutées.

[19] Postérieurement à la première composition de ce travail, a paru, dans la Zeitschrift für wissenschaftliche Theologie de M. Hilgenfeld, (2e année, Iéna, 1859), un mémoire de M. Karl Friderich relatif à ce commentaire et au *Commentaire sur Isaïe*, également attribué à Joachim, M. Friderich est arrivé au même résultat que nous sur la question d'authenticité. M. Völter accepte cette thèse comme démontrée. Zeitschriff für Kirchengeschichte de Brieger (4e année, Gotha, 1880), p. 367 ss. M. J.-A. Schneider, sans avoir connu les recherches de M. Friderich ni les miennes, est arrivé à des conclusions analogues (*Joachim von Floris*, p. 27 ss).

à ses ennemis, *vipera, regulus*. Son règne est présenté comme celui d'un tyran ennemi de l'Église, destructeur de ses privilèges, persécuteur de ses ministres, d'un nouvel Évilmérodach qui s'assoira dans le temple et se fera adorer comme dieu.

« Dans son enfance, dit le prophète, il paraîtra doux et aimable, il sera allaité des mamelles de l'épouse de l'agneau, mais, dans la suite, comme un autre Balthazar, il ne suivra que la fougue de ses passions et profanera avec des femmes les vases sacrés du temple de Dieu. Mais, puisque vous me demandez quelle sera sa fin, écoutez Isaïe qui vous l'apprendra. Une épée non humaine le renversera, une épée qui n'est autre que le glaive de la parole de Dieu l'exterminera, afin que vous sachiez que Dieu n'a pas besoin de la main des hommes pour tirer ce monstre de sa caverne. »

Le guelfe du XIIIe siècle se révèle ensuite dans ces curieuses paroles :

« Le Seigneur dégainera son épée, car l'empire des Allemands a toujours été pour nous dur et cruel. Il faut donc que le Seigneur le renverse par le glaive de sa fureur, afin qu'au bruit de sa ruine tous les rois tremblent[20] ».

Et ailleurs :

« L'armée des Chaldéens combattant contre Jérusalem et Juda, à l'exception de Lachis et d'Azecha, représente les Allemands et les autres persécuteurs armés contre l'Église romaine et les cités latines de l'Italie, à l'exception de celles qui sont fortes par le peuple ou qui savent se concentrer dans leurs murs[21]. Le schisme de l'Église et de l'empire, commencé par les Normands, se consommera par les Allemands, dont les flots étoufferont la liberté des pontifes — en sorte que l'empire, qui servit d'abord à élever l'Église, en sera la ruine aux derniers jours[22].

« L'empire des Chaldéens, dit-il encore, tend au néant. L'aigle viendra, comme dit la sibylle Érythrée, léopard par la férocité, renard par la fraude, lion par la terreur. Sous prétexte de réprimer les patarins, il marche traîtreusement contre l'Église, et, malgré la résistance de l'Italie, malgré les anathèmes de l'Église, il satisfait sa rage. Quels seront les maux qui pèseront alors sur la Ligurie et sur l'Italie ? Il sera plus facile de le sentir que de le dire. Sous l'effort des Germains et des Francs, toute la noblesse romaine périra ; le pontife sera banni, les monastères seront renversés, le culte chrétien sera effacé de la terre. »

La France n'excite pas moins les appréhensions du prophète ultramontain :

---

[20] Fol. 46 et 62 (Ven., 1525). Cette édition paraît tronquée en quelques passages. Le texte cité par dom Gervaise (*Histoire de l'abbé Joachim*, p. 35 ss) est plus complet.

[21] « Exceptis illis quæ vel fortes populariter sunt, vel quæ esse appetunt in suis munitionibus singulares. »

[22] Fol. 58 v. — Comparez 53 v.

« Que l'Église y prenne garde! L'alliance de la France est un roseau qui perce la main de celui qui s'y appuie[23]. »

Sans doute les personnes les mieux disposées à reconnaître en Joachim le don prophétique admettront difficilement qu'il ait pu partager à un si haut degré les passions d'un siècle dont il n'a vu que les premières années. Une dernière preuve suffirait, s'il en était besoin, pour démontrer notre thèse. L'ouvrage dont nous parlons est dédié à Henri VI, qui mourut en 1197 : il aurait dû par conséquent être composé avant cette époque. Or, dans la liste de ses écrits dressée en 1200, Joachim ne fait aucune mention du *Commentaire sur Jérémie*.

Le *Commentaire sur Jérémie* doit certainement être considéré comme une production de l'école sortie de l'ordre de Saint-François qui, ainsi qu'on le verra bientôt, chercha vers le milieu du XIIIe siècle à se prévaloir du nom de Joachim pour faire triompher ses doctrines. Les idées des joachimites franciscains s'y retrouvent à chaque page. L'année 1260, conformément aux théories de cette école, est donnée comme le terme de la grande affliction qui clora le règne du Christ et ouvrira celui du Saint-Esprit[24]. Les allusions aux deux grands ordres mendiants dont on voulait que Joachim eût annoncé l'institution future reviennent fréquemment. Enfin, comme si le parti qui prêtait ses opinions à Joachim eût craint que des pensées exprimées d'une façon énigmatique n'atteignissent pas suffisamment le but qu'il se proposait, quelques adeptes de ce parti prirent soin d'expliquer les passages obscurs dans un opuscule qui nous a été conservé, au n° 836 de Saint-Germain, sous ce titre : *Verba quædam de dictis Joachim abbatis explanativa super Jeremiam*. Là, chaque anathème porte son adresse, et à chaque menace est appliqué un nom propre.

Notre démonstration sera portée au comble de l'évidence quand on verra la place importante que tiennent ces productions apocryphes dans l'école de l'Évangile éternel. La *Chronique* récemment publiée[25] de frà Salimbene, franciscain du XIIIe siècle, nous fournit à cet égard de précieuses lumières. Le commentaire de Joachim sur Jérémie y est souvent cité. Salimbene en eut pour la première fois connaissance en 1248[26]. La brouille irréconciliable de Frédéric II avec le parti

---

[23] « Videat generalis ecclesia si non fiel ei baculus arundineus potentia gallicana, cui siquidem si quis nititur perforat manum suam. » (Cf. Isaïe, XXVI, 6). Voir la chronique *De rebus in Italia gestis*, publiée par M. Huillard-Bréholles, p. 257; cf. ibid. p. XXXVI. Voir aussi les extraits de M. Waitz, dans Pertz, Archiv., t. XI, 3e et 4e fasc., p. 511-512 (1855).

[24] F. 45 v, 58 v., 62.

[25] Parme, 1857.

[26] p. 102, 122, 176, 389.

italien et pontifical ayant commencé vers 1239, l'époque de la rédaction du Commentaire sur Jérémie est ainsi fixée entre des limites assez étroites[27] .

On a imprimé plusieurs fois à Venise et on trouve dans quelques manuscrits[28] sous le nom de Joachim des commentaires sur Isaïe, Ézéchiel, Daniel et les petits prophètes. Ces ouvrages prêteraient aux mêmes observations que le *Commentaire sur Jérémie*. On ne peut croire qu'en deux ou trois années Joachim ait composé tant d'écrits. Les anachronismes et les traces de supposition s'y retrouvent d'ailleurs fréquemment.

Le *De oneribus provinciarum* présenté comme un ouvrage distinct dans le n° 836 de Saint-Germain et dans quelques autres[29] est un extrait du *Commentaire sur Isaïe*. L'auteur range par provinces toutes les villes du monde dont il connaît le nom, et prononce sur chacune d'elles un mot prophétique. Indépendamment de l'intérêt d'un pareil écrit pour la géographie, on y trouve une foule de renseignements historiques sur les affaires de la première moitié du XIIIe siècle.

L'auteur est dominé par les mêmes préoccupations que le commentateur de Jérémie. L'animosité contre la maison de Hohenstaufen se révèle sans cesse. La Sicile est le foyer de la tyrannie et de l'erreur (*alumpna tyrannidis et erroris*) ; la Calabre est la caverne des roitelets, le trou des vipères[30]. L'Ombrie et l'Espagne verront s'élever, comme deux étoiles, deux ordres destinés à prêcher l'Évangile du royaume, vêtus de sacs et de cilices. Le diable suscitera contre eux une bête féroce ; c'est la secte des patarins[31].

Il faut ranger dans la même classe les commentaires attribués à Joachim sur

---

[27] Le mouvement de Hall en Souabe (Fleury, LXXXIII, 3) et l'*Epistola fratris Arnoldi, ordinis prædicatorum, de correctione ecclesiæ*, publiée par Winkelmann (Berlin, 1865) présentent la contre-partie allemande gibeline et dominicaine du même mouvement. Voir le mémoire de M. Völter, dans la Zeitschrift für Kirchengeschichte de Brieger, t. IV, 1880, p. 360 ss.

[28] Voir C. de Visch, *Bibl. Cisterc.*, p. 172-173. — Bolland., Acta SS. Maii, t. VII, p. 103, 105. — Fabricius, *Bibl. med. et inf. latin.*, t. IV, p 40-41. — J. Wolf, *Lectionum memorabilium et reconditarum centenarii XVI*, t. 1er, p. 488 ss.

[29] De Visch, p. 173. — De Riso, p. 122, 153, l'admet à tort.

[30] Fol. 83 v., 84 r..

[31] Fol. 80 v. — Je signalerai quelques autres passages sur les patarins : Hæresis Patarena in Lombardiæ terminis invalescens adeo suos circumquaque stimulos pravitatis extendit ut non minus sit infesta catholicis quam Olim prophetis Domini fuit Athalia filia Jezabelis, etc... Lombardorum gens impia... Deo detestabilis... quia quæ de fumo putei, doctrina scilicet seculari, hæreticos imbuit et ærem ecclesiasticæ puritatis infecit, æternæ rhompheam ultionis necesse est ut non evadat... Verona nutrix hæresis dirum deflebit excidium filiorum (fol. 81, v., 82). — Ut si campus tribulis et urticis, scilicet Patarenis, Gazaris et aliis schismaticis in Tholosa, Livonia (sic) et Ausonia et Liguria diversisque partibus per Italiam occupetur, quum de fumo erroris eorum partes etiam remotissimæ denigrantur. (Fol. 93 v.). »

les prophéties de Merlin et de la sibylle Érythrée, dédiés également à Henri VI[32]. On peut les lire dans le n° 3319 de l'ancien fonds, et en partie dans le n° 865 de Saint-Victor[33]. Ces textes, très peu arrêtés, se découpaient selon le caprice des compilateurs, et il est difficile d'en fixer l'identité. Ainsi le n° 3319 contient à la suite l'une de l'autre deux rédactions différentes de notre commentaire. Il est remarquable, du reste, que Merlin et la sibylle Érythrée sont souvent cités dans le *Commentaire sur Jérémie*. Ici encore, les idées franciscaines éclatent à chaque instant. Frà Salimbene a connu toutes ces prophéties apocryphes et les rapproche du *Commentaire sur Jérémie*[34].

Le *De oneribus prophetarum* est un commentaire supposé adressé à Henri VI, sur certains chapitres de Nahum, d'Habacuc, de Zacharie, de Malachie. Il se trouve dans les manuscrits 3595 de l'ancien fonds, 836 de Saint-Germain et 865 de Saint-Victor (incomplet), et dans le manuscrit 278 de Saint-Omer[35]; il a été imprimé à Venise, en 1519. Ce fut évidemment un parti pris chez les faussaires de dédier ces pièces apocryphes à Henri VI, pour leur donner un air d'authenticité. Ajoutons que les épîtres dédicataires sont d'une telle inconvenance et pleines de menaces si injurieuses, que le ton seul suffirait pour en démontrer la fausseté[36].

Dans les n° 58 de Saint-Germain (avant-dernier feuillet) et 3595 de l'ancien fonds, fol. 22, se trouve, joint à d'autres ouvrages de Joachim, un opuscule sans titre et sans nom d'auteur, sous forme de tableau synoptique, et commençant par ces mots: *Helias jam venit, et non cognoverunt eum.* C'est l'exposé de toute la philosophie de l'histoire de Joachim rapportée symboliquement à l'ouverture des sept sceaux de l'Apocalypse. Frà Salimbene le cite sous le titre de *Livre des Figures*[37]. La fin du Nouveau Testament y est fixée à l'an 1260. Alors apparaîtra Élie, et l'Église romaine, qui aura été détruite par l'empereur, sera rétablie. Le dernier pape nommé dans cet opuscule est Innocent III, qui régna de 1198 à 1216. L'auteur ne semble employer aucun autre artifice pour faire croire qu'il est Joachim.

Frà Salimbene déclare avoir reçu, à Hyères, du grand joachimite Hugues de Digne, et avoir copié à Aix, pour Jean de Parme, un commentaire de Joachim sur

---

[32] De Visch, p. 172-173 — *De Lauro*, dans de Riso, p.151.
[33] Peut-être dans le manuscrit joachimite de Saint Omer. Voir le suppl. au catalogue de cette bibliothèque par M. Théodore Duchet. Revue critique, 15 nov. 1873, p. 323-234.
[34] p. 175-176; cf. p. 106 ss.
[35] De Visch, p. 173. — Duchet, *loc. cit.*
[36] Comparer Salimbene, *op. cit.* p. 4.
[37] *Ibid., p.* 85, 124, 224.

les quatre Évangiles[38]. Cet ouvrage existe dans un manuscrit de Dresde[39]. C'est certainement un écrit supposé.

Ch. de Visch[40] signale, dans un couvent cistercien, près de Saragosse, un ouvrage de Joachim intitulé *De seminibus scripturarum*. Le savant M. Théodore Duchet a trouvé cet ouvrage dans le n° 278 de la bibliothèque de Saint-Omer[41]. Le vrai titre est *De semine scripturarum*. J'engage quelque jeune travailleur à examiner cet écrit et à voir quel en est le caractère et le degré d'authenticité. Le manuscrit de Saragosse contenait, ce semble, un commentaire joachimite sur le *Testament des douze patriarches*, écrit qui ne fut connu des Latins que par la traduction de Robert de Lincoln, faite vers 1242.

L'important manuscrit de Dresde, A, 121, contient (p. 235 et suiv.) deux autres opuscules joachimites[42], dont il importerait aussi de faire un examen détaillé.

La *Glose sur les prophéties de Cyrille*, imprimée à Venise en 1517, et dont il existe plusieurs manuscrits, est aussi une œuvre évidemment apocryphe. Les prophéties sur les papes, attribuées à Joachim, qui jouirent au moyen âge d'une si grande popularité, méritent encore moins d'être discutées. Une fois le rôle de prophète attribué à l'abbé de Flore, son nom devint le couvert à l'abri duquel se placèrent ceux que l'enthousiasme et la politique engagèrent à prédire l'avenir. Un même sentiment paraît inspirer les auteurs de ces singulières compositions et donne une grande unité aux œuvres apocryphes de Joachim : c'est la haine de la cour de Rome assimilée à la courtisane de l'Apocalypse, du pape identifié avec l'Antéchrist, de l'empereur présenté comme l'oppresseur de l'Italie. Tout décèle la main d'une secte dominée par une pensée de réforme profonde et de révolte avouée contre l'Église. Il nous suffit pour le moment d'avoir établi qu'on ne saurait faire remonter la responsabilité de ces productions bizarres jusqu'à l'abbé de Flore, et d'avoir prouvé que trois grands ouvrages, savoir : *la Concorde de l'Ancien et du Nouveau Testament*, — *le Commentaire sur l'Apocalypse*, — *le Psaltérion décacorde*, et quelques lettres ou traités d'importance secondaire méritent seuls de porter le nom de Joachim.

---

[38] *Ibid.*, p. 124, 125.
[39] *Katalog der Handschr. der Bibl. zu Dresden*, I, p. 57 (Leipzig, 1882). Voir aussi Acta SS., vol. cité, p. 103 ; De Visch, *Bibl. Cisterc.*, p. 172 ; Trithème, n° 389 ; *de Lauro*, dans de Riso, p. 151 — Le *De septem sigillis* (De Visch et Trithème, loc. cit.) en paraît un extrait (*Katalog*. loc. cit.).
[40] *Op. cit.*, p. 173.
[41] Voir *Revue critique*, 15 nov. 1873, p. 323.
[42] *Katalog der Handschr. der Bibl. zu Dresden*, I, p. 57.

III

—

L'ÉCOLE FRANCISCAINE EXALTÉE.
JEAN DE PARME

La discussion à laquelle nous venons de soumettre les écrits du prophète calabrais suffirait pour prouver qu'aucun des ouvrages authentiques ou apocryphes
qui figurent sous son nom ne portait le titre d'*Évangile éternel*. Si des savants tels
que Tillemont, Crevier, d'autres encore, ont supposé que Joachim avait composé
un ouvrage ainsi nommé, cela vient d'une confusion que nous expliquerons
bientôt. Il paraît même que Joachim ne s'avoua jamais bien clairement l'idée
séditieuse qu'on lui prêta plus tard. Le quatrième concile de Latran (1215), tout
en condamnant l'opposition qu'il fit à Pierre Lombard sur un point de métaphy-
sique, reconnaît sa soumission à l'Église et sa parfaite docilité.

Joachim n'eût donc pas dépassé le renom d'un théologien de second ordre et
d'un exégète aventureux, sans une fortune inespérée qui vint relever son nom et
l'attacher à l'une des tentatives les plus hardies dont l'histoire des réformateurs
chrétiens ait conservé le souvenir.

On n'a pas encore assez montré toute la signification historique de l'ordre
de Saint-François. L'institution monacale, qui a surtout préoccupé les historiens des ordres religieux, l'incomparable élan poétique, qui a surtout frappé les
hommes d'imagination et de goût, n'ont point permis d'apprécier à leur juste
valeur les aspirations politiques et sociales qui se cachaient sous ce mouvement
en apparence purement ascétique. Le fait est que, depuis les premiers jours du
christianisme, on n'avait jamais osé concevoir de telles espérances. *Le Livre des
Conformités*, de Barthélemy de Pise, n'est pas une œuvre isolée; c'est le manifeste
tardif de la plus secrète pensée de l'ordre. Le but de saint François ne fut pas
d'ajouter une règle nouvelle à la liste déjà longue des règles monastiques; son
but fut de réaliser l'idéal chrétien, de montrer ce qui pouvait sortir du Discours
sur la montagne pris à la lettre comme loi de la vie. Au fond de la tentative
franciscaine, il y avait l'espérance d'une réforme générale du monde, d'une res-
tauration de l'Évangile. On admettait que, pendant douze cents ans, l'Évangile
n'avait pas été bien pratiqué, que le précepte essentiel de Jésus, le renoncement
aux biens terrestres, n'avait pas été compris; qu'après des siècles de veuvage la

Pauvreté avait enfin retrouvé un époux[43]. N'était-ce pas avouer que la naissance de François d'Assise avait été l'ouverture d'une ère nouvelle pour le christianisme et pour l'humanité[44] ?

Ces prétentions audacieuses, dominées chez le fondateur par une grande tendresse mystique et par un tact souvent très fin, ne se dévoilèrent que peu à peu ; mais la pensée que la sainteté est tout entière dans le renoncement à la propriété devait porter ses fruits. Quand on soutenait que l'homme a le droit de chercher une perfection plus élevée que celle dont l'Église a le secret, ne disait-on pas assez clairement que l'Église allait finir pour faire place à la société qui enseignait cette nouvelle perfection ? Du vivant même du fondateur, et surtout au premier chapitre tenu après sa mort, deux partis se manifestèrent dans l'ordre. Les uns, incapables de soutenir l'entreprise surhumaine qu'avait rêvée le sublime mendiant, et plus sages selon la chair que ne le voulait l'esprit de l'institut séraphique, croient que la rigueur primitive de la règle est au-dessus des forces de l'homme, que cette règle admet des adoucissements, que le pape peut en dispenser. Les autres soutiennent avec une surprenante audace que l'œuvre de saint François n'a pas encore donné tous ses fruits, que cette œuvre est supérieure au pape et à l'Église de Rome, que la règle est une révélation qui ne dépend que de Dieu. Au fond de leur cœur était, sans qu'ils l'avouassent, cette croyance que l'apparition de François n'était ni plus ni moins que l'avènement d'un second Christ, aussi grand que le premier, supérieur même par la pauvreté. De là cette étrange légende où le séraphin d'Assise, égalé en tout au Christ, est mis au-dessus de lui, parce qu'il n'a rien possédé en propre, pas même les choses qui se consomment par l'usage. De là enfin cette prétention hautement avouée, que l'institut de saint François était destiné à absorber tous les autres ordres, à remplacer l'Église universelle elle-même, et à devenir la forme définitive de la société humaine à la veille de finir.

Ces idées exaltées, comprimées par le bon sens et aussi par l'esprit assez terrestre de la majorité, étaient le secret d'un petit nombre, lorsque l'élection de Jean Borelli ou Buralli à la dignité de général, en 1247, vingt et un an après la mort du patriarche d'Assise, amena un éclat et donna un nom définitif à la doctrine nouvelle. Jean Buralli, né à Parme vers 1209, était le représentant le plus décidé du parti qui, voulant l'accomplissement littéral des révélations de l'Alvernia, ne reculait pas devant les applications sociales les plus exagérées du principe de la pauvreté. Il rejetait toutes les interprétations de la règle, même celles qui avaient été proposées par des docteurs et sanctionnées par des papes. Persuadé que dans

---

[43] Dante, *Paradis*, XI. 58 ss.
[44] Voir *Fioretti*, ch. XVI, vers la fin.

l'institution de saint François était renfermé l'avenir de l'Église et du genre humain, il conçut le projet de relever la pensée du fondateur, que la mollesse des disciples avait laissée tomber dans l'oubli. Le commencement de son généralat fut une sorte de retour à l'idéal franciscain le plus pur. La règle fut partout remise en vigueur. Il était arrivé dans le sein de l'ordre d'Assise ce qui se passe à l'origine de toutes les religions. Les vrais disciples du fondateur, les saints, les austères, étaient devenus vite un embarras ; dans les années qui suivirent la mort de François, les héritiers de son esprit avaient été presque tous exilés ou emprisonnés ; un ou deux furent même assassinés. Jean de Parme rappela les saints bannis. La légende de François fut reprise et embellie[45]. On supposa un testament dicté, disait-on, par François stigmatisé, et qui renchérissait encore sur les prescriptions de la règle. Par sa haute piété, par son mépris des grandeurs terrestres, par son aversion pour l'éclat mondain des dignités ecclésiastiques, Jean de Parme rendit durant quelque temps aux zélés de l'ordre l'image vive de leur saint fondateur ; les neuf années que dura son généralat furent le règne d'une coterie pieuse, que nous connaissons à merveille depuis que les mémoires de l'un des affiliés, le naïf et aimable frà Salimbene, ont été livrés au public[46]. Joachim était après François d'Assise l'oracle de cette petite école. Ses écrits y étaient avidement lus et copiés avec ardeur. L'abbé de Flore, qui n'avait laissé en Calabre que des disciples inconnus, trouvait ainsi dans un autre ordre une famille dévouée et d'ardents continuateurs.

Nous sommes ici certainement à l'origine de *l'Évangile éternel*. Déjà, au XIVe siècle, le dominicain Nicolas Eymeric, dans son *Directorium inquisitorum*, désigne Jean de Parme comme l'auteur du livre dont il s'agit, et ce sentiment est resté celui de presque tous les critiques et historiens ecclésiastiques. Les efforts tentés par les auteurs de l'histoire littéraire des franciscains, Wadding et Sbaraglia, pour écarter d'un supérieur de leur ordre la tache d'hérésie, n'ont pu obscurcir une vérité dont la certitude va jusqu'à l'évidence[47]. Pourtant une foule de questions restent encore à résoudre. Le livre de *l'Évangile éternel* existe-t-il dans les collections de manuscrits ? Quelle en était la nature ? Quelles furent dans la rédaction la part du maître et celle de son disciple Gérard de Borgo San-Donnino, qui, selon frà Salimbene, fut le seul auteur de l'ouvrage ? C'est ici que les documents manuscrits viennent jeter beaucoup de lumière. Nous espérons montrer que des

---

[45] La rédaction du récit des « *Trois compagnons* » est de l'an 1247.
[46] Voir surtout p. 98 ss, 101 ss, 104, 317 ss.
[47] Voir l'article précité de M. Daunou.

fragments de *l'Évangile éternel* et les pièces de la procédure dont il fut l'objet sont venus jusqu'à nous.

IV

—

DOCUMENTS ORIGINAUX QUI SERVENT À ÉCLAIRCIR LA
QUESTION DE «L'ÉVANGILE ÉTERNEL»

Ces documents sont conservés dans deux manuscrits de la bibliothèque de l'ancienne Sorbonne, maintenant à la Bibliothèque nationale (fonds de Sorbonne, n° 1726, XIVe siècle ; 1706, XVe siècle), et dans un manuscrit ayant autrefois appartenu au collège de Navarre, maintenant à la bibliothèque Mazarine (n° 391, XVe siècle). Ces manuscrits ne sont pas restés entièrement inconnus aux critiques. Les deux savants dominicains Quétif et Échard, qui se livrèrent à un dépouillement minutieux des manuscrits de la Sorbonne, avaient cité un passage tiré du n° 1726, incidemment il est vrai, à l'article de Hugues de Saint-Cher[48]. M. Daunou eut connaissance du fragment cité par Quétif et Échard, et en fit usage dans son excellent travail sur Jean de Parme ; mais il ne recourut pas au manuscrit original. M. Victor Le Clerc aperçut immédiatement l'importance des documents contenus dans ce manuscrit et le parti qu'on en pouvait tirer. Le n° 1706, bien moins complet que le n° 1726, fut employé par l'évêque de Tulle, du Plessis d'Argentré, pour sa grande compilation : *Collectio judiciorum de novis erroribus* (tome I, Paris, 1724). M. Hauréau l'a repris et examiné. Quant au manuscrit actuellement déposé à la bibliothèque Mazarine, j'en dus l'indication au savant M. Taranne, qui l'avait décrit en vue du catalogue commencé par lui des manuscrits de ladite bibliothèque[49].

Les pièces relatives à l'Évangile éternel contenues dans ces trois manuscrits sont au nombre de quatre.

1. — Dans le n° 1726 de Sorbonne, et seulement dans ce manuscrit[50], se trou-

---

[48] *Script. ord. Præd.*, t. 1, p. 202.

[49] Dans les *Extraits des manuscrits de Rome*, par La Porte du Theil, qui sont à la Bibliothèque nationale, département des manuscrits (t. VII, feuillet 323 ; t. XVIII, feuillet 56), figurent, comme se trouvant dans le n° 4380 de la reine Christine : articuli cujusdam libri, Parisiis combusti, qui dicebatur Evangelium sempiternum. Incipit : Sequuntur articuli quadraginta. Je n'ose identifier cette pièce avec certitude. Je la recommande aux jeunes gens de l'École de Rome.

[50] Le manuscrit de Sorbonne 1726 se compose de fragments divers réunis ensemble et ayant chacun une pagination distincte. La partie qui seule nous intéresse renferme 106 feuillets. On lit sur le dernier feuillet les notes suivantes écrites de différentes mains : Errores qui continentur

ve un écrit portant pour titre : Exceptiones librorum viri eruditissimi venerabilis Joachim, primi Florentium abbatis, de pressuris seculi et mundi fine et signis et terroribus et ærumnis, seu etiam de pseudochristis et pseudo-prophetis, quorum plura scripta sunt in divinis sermonibus, sed idcirco non omnibus clara, quia multis sunt nodis perplexa et occultis mysteriis. Quæ omnia spiritualiter intellecta ostendunt nobis multa quæ futura sunt novissimis diebus, laboriosos scilicet rerum fines et, post multos et magnos agones et certamina, pacem victoribus impertiri.

L'ouvrage continue ainsi pendant soixante-dix-huit feuillets et se termine brusquement sans explicit ni conclusion. C'est un extrait des ouvrages authentiques ou apocryphes de Joachim, sans aucune glose du compilateur[51]. L'intention qui a présidé à la composition de ce recueil est évidente. On a voulu resserrer sous un petit volume toute la doctrine de l'abbé Joachim. Nous aurons à examiner si la compilation contenue dans notre manuscrit peut être identifiée avec quelqu'un des écrits qui jouèrent un rôle dans l'affaire de 1254.

II. — Le second document qui se trouve dans les trois manuscrits cités est l'extrait des propositions condamnables trouvées dans le livre intitulé *Introductorium in Evangelium æternum* par la commission de cardinaux que le pape Alexandre IV nomma, en 1255, pour examiner ledit ouvrage. Ce document a été publié par du Plessis d'Argentré d'après le manuscrit 1706 de Sorbonne[52], qui est le moins bon des trois. L'édition de d'Argentré offre des lacunes qui portent sur des passages importants, en particulier sur les renvois très précis que

---

in *Introductorio in Evangelium eternum* et in *libro Concordiarum* Joachim ; puis : In hoc volumine continentur extractiones librorum Joachim, et extractiones de Evangelio eterno, et reprobationes eorumdent. — Quod volumen est pauperum magistrorum de Sorbona, ex legato magistri Petri de Lemovicis, quondam socii domus hujus. — Pretii 20 solidorum. — 39us inter originalia mixta sanctorum. — Residuum require in Papiro Post librum de gradibus electorum. — Chatenabitur.

[51] Les ouvrages ainsi abrégés sont au nombre de sept. — 1° Du fol. I au fol. 38 v., s'étendent des extraits du livre de *la Concorde de l'Ancien et du Nouveau Testament*. — 2° Du fol. 38 v. au fol. 48, s'étendent des extraits du *Liber introductorius in Apocalypsim*, qui, comme nous l'avons vu précédemment, sert d'introduction à *l'Exposition de l'Apocalypse* par Joachim. — 3° Du fol. 48 au fol. 49, extraits du *Psaltérion décacorde*. — 4° Du fol. 49 au fol. 59, extraits du *Commentaire sur Jérémie*, attribué à Joachim. — 5° Du fol. 59 au fol. 63 v., la lettre de Joachim commençant par *Loquens Dominus Ezechieli*, dont il a été parlé ci-dessus. Elle est inachevée et suivie d'un petit fragment français d'une autre main : Cest que len dit es profecies de Ioachim escrit ou grand liure de Concordances : an lan de grace mil et cc. et IIIXX et v. serunt batailles es pleins de Nerbone de quatre rois esqueles morront, etc. — 6° Une lacune, puis du fol. 65 au fol. 76, des extraits du *De oneribus prophetarum*, attribué à Joachim. — 7° Du fol. 76 au fol. 78 v., des extraits du *Commentaire sur Ézéchiel*, attribué de même à Joachim.

[52] *Coll. Jud.*, I, p. 193 ss.

font les censeurs pontificaux au texte de *l'Introductorium*. Nous donnerons en notes le texte original toutes les fois qu'il sera nécessaire pour compléter celui de d'Argentré[53]. Dès à présent, il importe de relever un passage capital omis par le savant évêque. «Au XIIᵉ chapitre, vers la fin, on lit ces mots : …Jusqu'à cet ange qui eut le signe du Dieu vivant[54] et apparut vers l'an de l'incarnation 1200, ange que frère Gérard reconnaît n'être autre que saint François[55].» Ce Gérard est sûrement Gérard de Borgo San-Donnino, à qui Salimbene attribue le rôle principal dans l'affaire de *l'Évangile éternel*.

III. — Après cette énumération d'erreurs vient, dans le manuscrit de Sorbonne 1726 (fol. 91. v.) et dans le manuscrit de la Mazarine (fol. 86 v.), un procès-verbal étendu d'une des séances de la commission d'Anagni. Cette pièce, ne se trouvant pas dans le nº 1706, a échappé à d'Argentré ; elle est tout à fait inédite.

L'an du Seigneur 1255, le 8 des ides de juillet, à Anagni, devant nous, Eudes, évêque de Tusculum[56], et frère Hugues, cardinal prêtre[57], commissaires nommés par le pape, ainsi que le révérend père Étienne[58], évêque de Préneste, qui s'est fait excuser par son chapelain, et nous a remis ses pouvoirs pour cette affaire, a comparu maître Florent, évêque d'Acre[59], qui nous a soumis quelques passages tirés des livres de Joachim qui lui paraissaient suspects… Et, pour l'examen de ces passages, nous nous adjoignîmes deux autres personnes, savoir frère Bonvalet, évêque de[60]…, et frère Pierre, lecteur des frères prêcheurs d'Anagni, dont l'un tenait les livres originaux de Joachim de Flore et vérifiait devant nous si les citations que ledit évêque d'Acre lisait ou faisait lire par notre greffier se trouvaient en effet dans les susdits livres. Il commença ainsi :

---

[53] Voici le commencement, écourté par d'Argentré : «Hæc notavimus et extraximus de Introductorio in Evangelium æternum, misso ad dominum papam ab episcopo Parisiensi, et tradito nobis tribus cardinalibus ad inspiciendum ab eodem domino papa, videlicet O. Tusculanensi, Stephano Prænestino episcopis, et Hugoni Sanctæ Sabinæ presbytero cardinali.»

[54] Les stigmates.

[55] Item in XII. capitulo, versus finem ponit hæc verba : «Usque ad illum angelum qui habuit signum Dei vivi, qui apparuit circa M.cc incarnationis dominicæ, quem angelum frater Gerardus vocat et confitetur sanctum Franciscum.»

[56] Eudes de Châteauroux, qui joue un rôle important dans la vie de saint Louis. Voir Fleury, *Histoire ecclésiastique*, livre LXXXII, nº 33 ; LXXXIII, nº 45 ; LXXXV, nº 7.

[57] C'est le célèbre Hugues de Saint-Cher.

[58] Hongrois, archevêque de Strigonie. Voir Fleury, *Histoire ecclésiastique*, LXXXV, nº 7.

[59] Florent ou Florentin, évêque d'Acre, devint ensuite archevêque d'Arles. Nous le trouverons vers 1260 condamnant de nouveau les joachimites au concile d'Arles. Cf. Gallia Christiana, t. I p. 569.

[60] Ce nom d'évêché est douteux. Serait-ce l'ecclesia Panidensis de l'Oriens christianus III, col. 966-967 ?

« D'abord, il faut noter le principe fondamental de la doctrine de Joachim : il consiste à distinguer trois états dans l'histoire de ce monde ; c'est ce qu'il fait au IVe chapitre du IIe livre, qui commence par ces mots : Intelligentia vero illa, disant : Aliud tempus fuit in quo vivebant homines secundum carnem, etc[61]. »

Ce qui suit se compose principalement d'une série de passages tirés des ouvrages authentiques de Joachim, c'est-à-dire de *la Concorde*, de l'*Apocalypsis nova* ou *Liber introductorius in Apocalypsim*, et du *Psaltérion décacorde*, avec la critique des propositions malsonnantes qui s'y rencontrent. De temps en temps, on trouve des citations d'un commentateur de Joachim nommé frater Gerardus[62],

---

[61] « Anno Domini M°.CC°.LV°, VIII. Idus Julii, Anagniæ, coram nobis Odone episcopo Tusculano, et fratre Hugone presbytero cardinali, auditoribus et inspectoribus datis a papa, una cum reverendo paire Stephano Prænestino episcopo, se excusante per proprium capellanum suum, et nobis quantum ad hoc vices suas committente, comparuit magister Florentius, episcopus Acconensis, proponens quædam verba de libris Ioachim extracta, suspecta sibi, ut dicebat, nec publice dogmatizanda aut prædicanda, nec in scriptis redigenda, ut fieret inde doctrina sive liber, pro ut sibi videbatur. Et ad hæc audienda et inspicienda vocavimus una nobiscum duos alios, scilicet fratrem Bonevaletum, episcopum Pavendensem, et fratrem Petrum, lectorem fratrum prædicatorum Anagniæ, quorum unus tenebat originalia Ioachim de Florensi monasterio, el inspiciebant coram nobis utrum hæc essent in prædictis libris quæ prædictus episcopus Acconensis legebat et legi faciebat per tabellionem nostrum, et incipiebat sic : Primo notandum est fundamentum doctrinæ Ioachim. Et proposuit tres status totius seculi, IIII. capitulo secundi libri, quod incipit : Intelligentia vero illa, etc., dicens : "Aliud tempus fuit in quo vivebant homines secundum carnem, hoc est usque ad carnem, cui initiatio facta est in Adam..." ». Ce passage se lit en effet dans *la Concorde* (p. 8, éd. de Venise, 1519).

[62] Je donne ici les principaux endroits où figure cet important personnage :
Fol. 94 du manuscrit 1726. Quod exponens frater G. scripsit : « Hæc abominatio erit pseudopapa, ut habetur alibi. » Et istud « alibi » reperitur longe infra, V. libro Concordiæ de Zacharia propheta, ubi dicitur : « In Evangelio dicitur : « Quum videritis abominationem desolationis quæ dicta est, a Daniele, etc... » » Rursus et ibi frater G. : « Hæc abominatio quidam papa erit simoniaca labe respersus, qui circa finem sexti temporis obtinebit in sede, sicut scribit in quodam libello ille qui fuit minister hujus operis. »
Fol. 96 vo. Après une citation du *Commentaire sur l'Apocalypse* : « Hujusque verba, Ioachim et fratris Gerardi. »
Fol. 99. Item habetur per notulam fratris Gerardi super Principium ejusdem capituli Danielis, ubi dicit sic frater Gerardus : « Hæc tribulatio, quæ erit talis qualis nunquam fuit, debet fieri, ut ex multis locis apparet tam in hoc libro quam in aliis, circa M.CC.LX annum incarnationis dominicæ ; post quam revelabitur Antichristus. Hæc tribulatio erit in corporalibus et spiritualibus maxime. Sed tribulatio maxima, quæ statim sequetur interposito lamen cujusdam spatio quantulæcumque pacis, erit magis in spiritualibus ; unde erit periculosior quam prima. »
Fol. 100 vo. Super hoc Gerardus in glossa : « In hoc mysterio vocal terram scripturam prioris Testamenti, aquam scripturam novi Testamenti, ignem vero scripturam Evangelii æterni. »
Ibid. Super hoc glossa fratris Gerardi : « Declaratio estejus quod dicitur Evangelium æternum in secundo libro Psalterii decem chordarum, scilicet XIX. capitulo, quod incipit : In primo sane tempore. »
Fol. 102. Notula fratris Gerardi : « In hoc loco vir indutus lineis, qui fuit minister hujus operis,

qui n'est autre que Gérard de Borgo San-Donnino, dont nous avons déjà trouvé le nom dans le second document ci-dessus mentionné. Nous tirerons plus tard les conséquences de tout ceci.

IV. — Le quatrième document ne se trouve que dans le n° 1706 de Sorbonne. D'Argentré l'a publié d'après ce manuscrit avec quelques fautes et omissions[63]. M. Preger l'a publié d'après deux manuscrits de Munich[64]. C'est une nouvelle énumération des erreurs contenues dans *l'Évangile éternel*, erreurs identiques à celles qui sont attribuées par Nicolas Eymeric à Jean de Parme[65]; mais Nicolas Eymeric se contente d'énoncer les erreurs sans dire d'où elles sont tirées, tandis que notre manuscrit fournit à cet égard des indications importantes. Usserius et Meyenberg[66] ont reproduit, d'après la chronique de Henri de Herford, un texte semblable à celui de notre manuscrit, beaucoup moins correct en général, mais plus complet vers la fin. Au lieu de s'arrêter, en effet, comme le texte de d'Argentré, aux erreurs tirées du quatrième livre de la seconde partie, le texte de Meyenberg, d'accord avec celui de M. Preger, distingue deux traités dans ce quatrième livre[67], donne les erreurs de l'un et de l'autre, puis passe au cinquième livre, et y distingue cinq traités, un traité *De septem diebus*, un autre *De Jobo*, un troisième *De Joseph et pincerna cui somnium apparuit*, un quatrième *De Tribus generibus hominum*, videlicet Israëlitices, Ægyptiacis, Babyloniis, un cinquième *De historia Judith*. À la fin, dans les manuscrits de Munich, se lit cette curieuse annotation : Ex hiis autem quæ dicuntur ibi in expositione hystoriæ de David potest intelligi quod ille qui composuit opus quod dicitur *Evangelium æternum* non fuit Joachim, sed aliquis vel aliqui moderni temporis, quoniam facit ibi mentionem de Frederico imperatore, persecutore romanæ ecclesiæ[68].

---

loquitur de se et de duobus qui seculi sunt eum statim post M.CC.um annum incarnationis dominicæ; quos Daniel dicit se vidisse super ripam fluminis; quorum unus dicitur in Apocalypsi Angelus habens falcem acutam, et alius dicitur Angelus qui habuit signum Dei vivi, per quem Deus renovavit apostolicam vitam. » *Idem ibidem*, super illud verbum Evangelium regni, dicit similiter Gerardus in notula : « Evangelium regni vocal Evangelium spirituale, quod beatus Ioachim vocat Evangelium æternum, quod in adventu Helyæ prædicari oportet omnibus gentibus, et tunc veniet consummatio. »
Fol. 162 vo. Dicit frater Gerardus in notula : « Isle doctor sive angelus apparuit circa M.CC. annum incarnationis dôminicæ, hoc est ille liber de quo loquitur hic in quo VII. tonitrua locuta sunt voces suas, quæ sunt mysteria VII, signaculorum. »

[63] *Coll. jud.*, I, p. 164 ss.
[64] Abhandl. de l'Acad. de Munich, t. XII, 3e partie, p. 33 ss.
[65] *Direct. Inq.*, p. 188-189, Rome, 1578.
[66] *De Pseudo-Evangelio æterno* (præside J. A. Schmidt), p. II ss., Helmstadt, 1725.
[67] Au lieu de « De quarto libro hujus duo errores extrahi possunt » (d'Argentré), il faut lire : « De quarto libro hujus partis, in primo tractatu, duo errores extrahi possunt. »
[68] Preger, mém. cité, p. 36.

V
—
LE LIVRE DE « L'ÉVANGILE ÉTERNEL »

Après avoir indiqué les textes sur lesquels j'ai l'intention d'appuyer mon argumentation, il me reste à en tirer les conséquences. Quelle idée peut-on se faire du livre intitulé *l'Évangile éternel*? — Ce livre était-il distinct de *l'Introduction à l'Évangile éternel*? Ce second ouvrage existe-t-il encore? — L'ouvrage de Gérard qui est cité dans le procès d'Anagni est-il identique à *l'Introduction à l'Évangile éternel*? — Dans quelle relation étaient tous ces ouvrages avec les livres mêmes de l'abbé Joachim? — À quelle date ont-ils été composés?

Les embarras que présentent des questions en apparence aussi simples ne doivent pas nous surprendre. Il n'est pas de questions historiques plus difficiles à résoudre que celles où l'on cherche à retrouver dans le passé des catégories créées par l'esprit moderne. Les scrupules d'une bibliographie exacte n'existaient guère au moyen âge. L'individualité rigoureuse du livre est une idée récente. La typographie elle-même, qui devait opérer à cet égard un changement si profond, ne modifia que lentement les habitudes du public.

La composition et la forme de *l'Évangile éternel* nous sont clairement révélées par le rapport des cardinaux d'Anagni (la deuxième des pièces énumérées ci-dessus). Il y est dit en propres termes[69] que *l'Évangile éternel* était divisé en trois parties et formé par la réunion des trois ouvrages authentiques de l'abbé Joachim, savoir *la Concorde de l'Ancien et du Nouveau Testament*, formant le premier livre ; *l'Apocalypse nouvelle*[70], formant le second ; le *Psaltérion décacorde*, formant le troisième. Les parcelles que nous avons des notes de Gérard supposent la même chose. Gérard, en effet, a pour habitude de désigner Joachim par ces mots : *ille qui fuit minister hujus operis*. Une curieuse note marginale du manuscrit de la bibliothèque Mazarine, qui a appartenu au collège de Navarre,

---

[69] D'Argentré, p. 163. Après hæc verba, il faut ajouter : « In Primo libro Evangelii æterni, videlicet in secundo secundæ Concordiæ. Et tria prædicta probantur similiter expresse xxi. capitulo, B, ubi distinguitur triplex littera. Ibi : « attendent vero, etc... » et similiter ante finem ultimi capituli, ubi dicitur : « Illud attendendum, etc. »

[70] Voir ci-dessus p. 858, 859. On remarquera qu'il s'agit ici non pas du commentaire complet sur l'Apocalypse, mais du livre préliminaire que Joachim mit en tête de son *Exposition sur l'Apocalypse*.

est conçue dans le même sens[71]. Cette note attribue formellement à Joachim un livre intitulé *Evangelium æternum*, distinct de l'*Introductorium in Evangelium æternum*, et elle indique sa place dans la bibliothèque du collège de Navarre. Il y avait donc encore au XIVe siècle et au XVe des manuscrits où les trois écrits de Joachim étaient réunis et portaient le titre commun d'*Evangelium æternum*. De semblables manuscrits devaient être un fruit du mouvement de 1254, puisque nous avons vu que Joachim lui-même ne donna jamais ce titre ni à aucun de ses écrits ni à la collection de ses écrits. Je ne crois pas que dans aucune bibliothèque il existe aujourd'hui un manuscrit ainsi intitulé.

Le quatrième document énuméré ci-dessus, malgré une contradiction apparente, confirme le résultat auquel nous venons d'arriver touchant la composition de l'*Évangile éternel*, et prouve que ce n'était pas là seulement une vue personnelle des commissaires d'Anagni. Nous y trouvons en effet que l'*Évangile éternel* proprement dit contenait au moins deux parties. La première s'appelait *Præparatorium in Evangelium æternum*, la seconde s'appelait *Concordia Novi et Veteris Testamenti* ou *Concordia veritatis*, et était divisée en cinq livres. Il est évident que l'auteur de ce document aura considéré l'*Introductorium* ou *Præparatorium in Evangelium æternum*, qui ailleurs est distinct de l'*Évangile éternel*, comme un premier livre de ce même *Évangile éternel*. La *Concorde* se trouve ainsi n'être plus que le second livre. S'il n'est pas ici question de l'*Apocalypse* et du *Psaltérion décacorde*, c'est sans doute parce qu'on jugeait ces parties moins importantes, ou parce qu'elles ne faisaient que répéter les erreurs du *Præparatorium* et de la *Concordia*. Mais ce qui prouve invinciblement que notre hypothèse est véritable, c'est : 1° que les erreurs données dans le quatrième document comme extraites de la première partie de l'*Évangile éternel*, intitulée *Præparatorium in Evangelium æternum*, sont identiques à celles que nous avons trouvées dans le rapport des cardinaux d'Anagni comme extraites de l'*Introductorium in Evangelium æternum* ; 2° que les erreurs données par le quatrième document comme extraites de la seconde partie de l'*Évangile éternel* sont bien réellement extraites du *Livre de la Concorde* de Joachim, dont l'ordre et les divisions sont suivies de point en point. Il n'y a là qu'une simple différence d'arrangement. Nous adopterons comme préférable la division suivie par la commission d'Anagni.

Il reste donc tout à fait acquis que l'*Évangile éternel* proprement dit n'était autre chose que la réunion des trois principaux écrits de Joachim, et par consé-

---

[71] Voici cette note, correspondant à *Item quod per virum* du second document : « Nota ista usque ad finem de erroribus contentis in libro abbatis Joachim quem vocavit de Evangelio æterno, qui liber est in pulpitro affixo parieti. » Cette note est d'une main du XVe siècle.

quent que *l'Introduction à 1 'Évangile éternel* en était distincte, bien qu'on l'y réunît quelquefois comme un premier livre. Cette distinction résulte avec évidence du rapport de la commission d'Anagni. Nous y voyons, en effet, que les cardinaux avaient entre les mains un ouvrage intitulé : *Introductorium in Evangelium æternum*, qui avait été adressé au pape par l'évêque de Paris ; nous y apprenons, en outre, que cet ouvrage était simplement divisé en chapitres et non en livres ; enfin c'est d'après cet ouvrage que les cardinaux concluent que *l'Évangile éternel* proprement dit était formé par la réunion des trois ouvrages de Joachim. Voici une nouvelle preuve de la même distinction. Ce Florent, évêque d'Acre, qui remplit les fonctions de promoteur dans la commission d'Anagni, devenu ensuite archevêque d'Arles, présida vers 1260 un concile où il condamna de nouveau les erreurs de Joachim. Or il résulte du discours qu'il tint à ce concile que l'assemblée d'Anagni voulut condamner des opuscules qu'on répandait sous le titre d'«*Évangile du Saint-Esprit*» et d'«*Évangile éternel*», et non les ouvrages mêmes de Joachim, qui étaient restés jusque-là peu lus et non discutés[72]. Enfin frà Salimbene appelle l'ouvrage de son ami Gérard «un petit livre», *libellum*[73]. Malheureusement, embarrassé pour l'honneur de son ordre de toute cette affaire, il évite de nous donner le titre exact de l'opuscule de Gérard.

L'idée que nous sommes amenés d'après ces renseignements à nous former de *l'Introduction à l'Évangile éternel* est celle d'un livre destiné à résumer la doctrine de Joachim et à la faire revivre au profit des idées franciscaines. Toutefois, le peu de précision que le moyen âge portait en bibliographie amena sur ce point beaucoup de méprises. Presque toujours le nom d'«*Évangile éternel*» fut appliqué à *l'Introduction*. Nous venons d'en avoir la preuve dans les paroles de l'archevêque Florent au concile d'Arles. Matthieu Pâris et Guillaume de Saint-Amour commettent la même confusion, le premier, quand il dit que les frères composèrent un livre qui commençait par ces mots : Incipit Evangelium æternum, livre qu'il

---

[72] «Et licet nuper, præsentibus nobis et procurantibus, a sancta Dei sede apostolica damnata fuerit nova quædam, quæ ex his pullulaverat, doctrina venenata Evangelii spiritus Sancti Pervulgata nomine, ac si Christi Evangelium non aternum nec a Spiritu Sancto nominari debuisset ; tanquam partis hujusmodi fundamenta non discussa fuerint nec damnata, liber videlicet Concordantiarum et alii libri Joachim, qui a majoribus nostris usque ad hæc tempora remanserunt intacti, utpote latitantes apud quosdam religioso in angulis et antris, doctoribus indiscussi ; a quibus si ruminati fuissent, nullatenus inter sacros alios et sanctorum codices mixti remansissent, quum alia modica Joachima opuscula, quæ ad eorum pervenere notitiam, tam solemniter sint damnata ; etc.» (Labbe, *Conciles*, t. XI, 2ᵉ partie, col. 2361-2362.) Ne semble-t-il pas que Florent eut sous les yeux une note de classement analogue à celle qui se lit à la fin du ms. 1726 de Sorbonne, 92ᵘˢ inter originalia mixta sanctorum ?

[73] p. 102, 233, 235, 236.

appelle un peu plus loin: Novus ille liber quem Evangelium æternum nominant[74]; le second, quand il cite comme de *l'Évangile éternel* des mots qui ne se trouvent pas, du moins, avec la même intention, dans les ouvrages de Joachim[75]. Nicolas Eymeric[76] présente comme extraits de *l'Évangile éternel* les erreurs que la commission d'Anagni relève dans le *Liber introductorius*. Enfin le bibliothécaire de la maison de Sorbonne qui a ajouté au XIVᵉ siècle diverses notes à la fin du n° 1726 a commis sans le moindre souci la même confusion.

Il faut avouer que les documents d'Anagni ne disent pas avec toute la clarté désirable que Gérard soit l'auteur de *l'Introduction à l'Évangile éternel*. Le premier document d'Anagni présente *l'Introduction à l'Évangile éternel* comme un livre composé d'un texte suivi et divisé en chapitres. À propos de ce livre, les cardinaux citent bien une opinion de frère Gérard, mais sans dire si cette note se trouve dans l'ouvrage même, ni si frère Gérard est l'auteur de cet ouvrage. Ailleurs, ils disent vaguement: Scriptor hujus operis[77], et ils l'accusent de se faire passer pour un des douze anges de saint François, envisagé comme un second Christ[78]. Le second document d'Anagni, qui n'est plus relatif à l'*Introduction*, cite toujours les ouvrages de Joachim d'après leurs divisions propres, et mentionne comme distinctes les notes de Gérard. Ce qui résulte de là avec le plus de vraisemblance, c'est que deux ouvrages furent censurés par la commission d'Anagni: d'abord, l'*Introduc-torium*, texte suivi composé par Gérard; en second lieu, une sorte de nouvelle édition, ou, si l'on veut, une série d'extraits des trois ouvrages authentiques de Joachim, avec des notes de Gérard, soit à la marge, soit dans le texte même. C'est ce dernier livre que tenait à la main maître Florent, le promoteur de la commission, et dans lequel il lisait. Les deux lecteurs adjoints,

---

[74] p. 1254 (éd. Londres, 1571).

[75] Scripta sunt tria ista verba Mane Thecel Phares in illo maledicto libro quem appellant Evangelium æternum, quod jam in ecclesia propalatum est, propter quod timendum est de subversione ecclesiæ. (*De peric. Noviss. Temp.*, p. 37.)

[76] *Directorium Inquisitorum*, p. 188, Rome, 1578.

[77] Ce passage est omis presque en entier dans d'Argentré. «Item quod virum indulum lineis intelligat Joachim scriptor hujus operis probatur XXI, capitulo, circa medium, per verba de quinque intelligentiis generalibus et septem typicis, ubi sic ait: «Vir indutus lineis in apertione mysteriorum Ieremiæ prophetæ: ecce, ait, præter historicum, moralem, tropologicum, etc...» Item XXII, circa principium, ita dicitur: «Ad quam scripturam tenetur populus tertii status mundi, quemadmodum populus primi status ad Vetus Testamentum, et populus secundi ad Novum, quantumcumque hoc dipliceat hominibus generationis istius. »

[78] «... Sic in principio tertii status erunt tres similes illorum, scilicet vir indutus lineis, et angelus quidam habens falcem acutam, et alius angelus habens signum Dei vivi (ici le ms. 1726 porte en interligne: scilicet sanctus Franciscus). Et habeit (d'Argentré: habebit) similiter angelos duodecim, inter quos ipse fuit unus, etsi Jacob habuit duodecim in primo statu, et Christus in secundo. »

au contraire, frère Bonvalet et frère Pierre d'Anagni, tenaient les œuvres mêmes de Joachim, vérifiaient les citations et distinguaient ce qui appartenait à Joachim de ce qui appartenait à Gérard. Quelquefois, en effet, les procès-verbaux d'Anagni semblent donner les paroles des deux auteurs comme indivises.

Un accord parfait existe, du reste, entre les idées contenues dans les notes de Gérard citées par la commission d'Anagni et les idées du *Liber introductorius*. Toutes ces notes sont écrites dans le sens de Jean de Parme et de la fraction exaltée de l'ordre de Saint-François. L'antipathie contre la papauté temporelle, la haine contre le clergé riche, la croyance que l'abomination finale viendra d'un pape mondain et simoniaque, la fixation de cette date fatale à l'an 1260, la croyance que l'apparition de l'Antéchrist est proche et que ce monstre s'élèvera de Rome, saint François désigné comme le rénovateur du siècle et Joachim présenté comme son précurseur, ce sont là autant de traits qui appartiennent, à n'en pas douter, à l'école qui, vers le milieu du XIIIᵉ siècle, releva le nom de Joachim pour appuyer ses projets de réforme sociale et religieuse. Plusieurs des propositions de cette école, relevées par Salimbene[79] et par Jean de Meung[80], se retrouvent textuellement dans les fragments de Gérard dont nous devons la conservation aux rapporteurs d'Anagni.

Quant à la part respective de Jean de Parme et de Gérard dans la composition de l'*Introductorium*, nos documents ne di-sent rien à cet égard. Le passage où « l'auteur » se met au nombre des douze anges de saint François conviendrait mieux à Jean de Parme qu'à Gérard. Les rapports ne nomment que Gérard, sans doute parce que l'on voulait ménager le général des franciscains. Salimbene, de son côté, fait tout peser sur Gérard, et met beaucoup d'affectation à montrer comment l'ordre a su punir de tels écarts[81]. Il ne peut nier cependant que Jean de Parme n'ait été joachimite décidé, et ne se soit créé par de telles opinions beaucoup de difficultés[82]. Plus tard, Nicolas Eymeric, en sa qualité de dominicain, n'ayant plus les mêmes motifs de réserve, met purement et simplement sous le nom de Jean de Parme la liste d'erreurs qui constituait la doctrine de « l'*Évangile éternel*». Certainement, Jean de Parme fut en un sens l'apôtre et le principal interprète des doctrines qui cherchaient à s'autoriser du nom de l'abbé Joachim. Toutefois, rien n'autorise à croire que Jean de Parme ait participé directement à la rédaction du livre poursuivi de tant d'anathèmes. À l'égard de Gérard de Borgo San-Donnino, les preuves sont positives. Frà Salimbene, son confrère,

---

[79] p. 123, 240.
[80] *Roman de la Rose*, vers 12014 ss.
[81] p. 103, 203, 236.
[82] p. 98, 124, 131 ss.

son compatriote et son ami, l'accuse à plusieurs reprises d'avoir composé un livre déplorable en falsifiant la doctrine de Joachim[83], et il raconte les redoutables disgrâces qui l'atteignirent sans fléchir son opiniâtreté. Affo, qui le premier connut ce texte capital, alors inédit, et après lui Sbaraglia et Tiraboschi se sont rangés avec raison à l'autorité péremptoire de frà Salimbene.

Il résulte de tout ce qui précède que nous avons le texte de ce qu'on appelait proprement *l'Évangile éternel* dans les trois principaux ouvrages authentiques de Joachim. Quant aux notes de Gérard, elles sont très probablement perdues sans retour, à l'exception des fragments qui nous ont été conservés par l'acte d'accusation de la commission d'Anagni. À plus forte raison doit-on désespérer de retrouver jamais le texte complet de l'*Introductorium*. La rigueur avec laquelle les livres hétérodoxes étaient proscrits au moyen âge explique une telle disparition. Plusieurs années après la condamnation de 1255, Salimbene vit un exemplaire sur papier de l'ouvrage de Gérard, lequel avait été copié à Rome par un notaire d'Imola. Le gardien du couvent vint le consulter comme ancien joachimite sur la valeur de cet écrit. Salimbene eut peur, craignit peut-être quelque piège, et dit qu'il fallait sur-le-champ brûler le volume ; ce que l'on fit[84].

Comme le volume que tenait maître Florent avait pour texte principal une suite d'extraits des écrits de Joachim, on peut se demander si la compilation contenue dans le n° de Sorbonne 1726, du folio I au folio 78 (le premier document indiqué ci-dessus), ne doit pas être identifiée avec ce livre mystérieux. Mais les notes de frère Gérard, telles qu'on les trouve dans les actes de la commission d'Anagni, ne se lisent pas dans notre manuscrit. On trouve seulement à la marge de courtes scolies, destinées à faire remarquer les principales idées de Joachim, précisément celles sur lesquelles Gérard insistait de préférence. Une difficulté bien plus grave, c'est que, parmi les extraits que tenait maître Florent, il n'y avait de citations que des trois grands ouvrages authentiques de Joachim, tandis que, dans notre manuscrit les commentaires apocryphes sur Jérémie, sur Ézéchiel et le *De oneribus prophetarum* tiennent une place importante. Il faut remarquer, du reste, que la compilation contenue dans notre n° 1726 semble faite parfois un peu au gré du copiste : il y a des blancs, des reprises[85]. On ne peut pas l'identifier avec l'édition donnée par Gérard. Nous croyons que, parmi les écrits joachimites

---

[83] p. 103 ss ; 233 ss.
[84] p. 235-236 ; comparer p. 234-235.
[85] C'est sans doute à des compositions de cette nature que Florent fait allusion dans son concile d'Arles : « Plurima super his phantasiis commentaria facta descripserunt. » (Labbe, t. XIV, p, 242.)

qui ont été conservés, celui qui se rapproche le plus de l'ouvrage de Gérard est l'opuscule commençant par *Helias jam venit*, mentionné ci-dessus.

À quelle date fixer la composition du *Liber introductorius in Evangelium æternum*? Le quatrième document mentionné ci-dessus nous donne à cet égard l'indication la plus précise. Une des erreurs qu'on relève dans le *Liber introductorius* est de fixer le commencement du règne du Saint Esprit à un terme de six années, à l'année 1260[86], ce qui reporte la composition du livre à l'an 1254. C'est aussi la date précise assignée par Guillaume de Saint-Amour[87], et bien connue de tous les savants qui ont traité des affaires de l'Université de Paris et de la cour romaine à cette époque[88].

En réunissant les principaux faits qui sortent de cette discussion, nous arrivons aux conclusions suivantes:

1° *L'Évangile éternel* désigna dans l'opinion du XIIIᵉ siècle une doctrine, censée de l'abbé Joachim, sur l'apparition d'un troisième état religieux qui devait succéder à l'Évangile du Christ et servir de loi définitive à l'humanité.

2° Cette doctrine n'est que vaguement exprimée dans les écrits authentiques de l'abbé Joachim. Joachim se contente de comparer l'Ancien et le Nouveau Testament, et ne jette que très timidement les yeux sur l'avenir.

3° Le nom de l'abbé Joachim fut relevé vers le milieu du XIIIᵉ siècle par la fraction ardente de l'école franciscaine. On lui fit prédire la naissance de saint François et de son ordre; on lui prêta à l'égard de François d'Assise un rôle analogue à celui de Jean-Baptiste à l'égard de Jésus; enfin on donna à la doctrine qu'on lui attribuait le nom d'Évangile éternel.

4° Ce terme ne désignait pas, pour la plupart de ceux qui l'entendaient ou le prononçaient, un ouvrage distinct. C'était l'étiquette d'une doctrine, comme le mot des *Trois Imposteurs* résumait l'incrédulité averroïste, sortie de l'étude des philosophes arabes et de la cour de Frédéric II.

5° Néanmoins, dans un sens plus précis, on donnait le nom d'*Évangile éternel* à la réunion des principaux ouvrages de Joachim.

6° Comme distincte de cette collection, il y eut une *Introduction à l'Évangile éternel*, ouvrage de médiocre étendue, qui fut composé ou du moins mis au jour par Gérard de Borgo San-Donnino en l'année 1254.

---

[86] D'Argentré, p. 164, «Quod Novum Testamentum non durable in virtute sua Per sex annos proxime futuros, scilicet usque ad annum incarnationis M.CC.LX.» Le texte de d'Argentré porte à tort 1269. Comp. d'Argentré, p. 165 haut; Salimbene, p. 123, 223, 231, 240.

[87] «Jam publice posita fuit ad explicandum anno Domini 1254.» (*De peric. Noviss. Temp.*, Opp. p. 38.)

[88] *Histoire littéraire de la France*, t. XX, p. 27-28.

7° Cette *Introduction* était la préface d'une édition abrégée des œuvres de Joachim, accompagnée de gloses par Gérard. Ces deux écrits, compris sous le nom sommaire d'*Évangile éternel*, transmis par l'évêque de Paris au pape en 1254, furent l'objet des censures de la commission d'Anagni en 1255.

8° Le texte de *l'Introduction à l'Évangile éternel* semble perdu ; mais la doctrine nous en a été conservée, dans les actes de l'assemblée d'Anagni et dans les autres condamnations qui frappèrent *l'Évangile éternel* (Mss. de Sorbonne, 1700, 1726 ; Bibl. Mazarine, 391). Quant aux notes de Gérard, il nous en reste quelques fragments dans le second document d'Anagni.

Un exemple fera mieux comprendre les rapports de ces textes divers, et comment l'un est sorti de l'autre par amplification ou par interpolation. « Au chapitre VIII de *l'Introduction à l'Évangile éternel*, disent les cardinaux de la commission d'Anagni, l'auteur prétend que, de même qu'au commencement du premier état, sont apparus trois grands hommes, Abraham, Isaac et Jacob, dont le troisième, c'est-à-dire Jacob, a eu douze personnes à sa suite (ses douze fils), de même qu'au commencement du second état il y a eu trois grands hommes, Zacharie, Jean-Baptiste et le Christ Homme-Dieu, qui semblablement a eu douze personnes à sa suite (les douze apôtres) ; de même, au commencement du troisième état, il y aura trois grands hommes semblables aux premiers, savoir l'homme vêtu de lin, l'ange tenant la faux aiguë, et un autre ange ayant dans sa main le signe du Dieu vivant. Celui-ci aura pareillement à sa suite douze anges, comme Jacob en a eu douze dans le premier état, et le Christ douze dans le second. Que par l'homme vêtu de lin, continuent les cardinaux, l'auteur de cet écrit entende Joachim, c'est ce qui est prouvé par le chapitre XXI vers le milieu…, et par le chapitre XII, où nous trouvons ces mots : « Jusqu'à cet ange qui tient le signe du Dieu vivant, et qui apparut vers l'an 1200 de l'incarnation du Seigneur, ange, ajoutent les cardinaux, que frère Gérard reconnaît formellement n'être autre que saint François. »

Voilà une théorie claire, arrêtée, et qui ne pouvait se produire que vers le milieu du XIIIᵉ siècle, au sein de l'école franciscaine exaltée. Que si nous ouvrons la *Concorde* de Joachim, nous y trouvons, au deuxième traité du livre I, le parallèle d'Abraham, Isaac et Jacob d'une part, — de Zacharie, Jean-Baptiste et Jésus d'autre part, — plusieurs fois répété, mais non exprimé avec autant de précision. Nulle trace surtout d'une triade future destinée à fonder un nouvel état religieux de l'humanité, triade dont Joachim ferait partie. En général, les vues de Joachim sur un troisième état devant succéder au Nouveau Testament, comme le Nouveau Testament a succédé à l'Ancien, sont très voilées et à peine indiquées[89]. La

---

[89] Voir cependant *Concorde* I. IV, dernier chapitre, et surtout I. V, Ch. LXXXIV. Il se peut que

netteté qu'on prêta plus tard à sa doctrine sur ce point, ses prophéties sur l'institution des ordres mendiants et sur le remplacement de la cléricature par un ordre qui devait marcher nu-pieds, la prédiction en un mot de *l'Évangile éternel*, tout cela fut le fait des joachimites du XIIIe siècle, lesquels, trouvant dans les idées de l'abbé de Flore sur le parallèle des deux Testaments une base commode pour leur théologie, adoptèrent ces idées et y ajoutèrent l'annonce d'une troisième révélation, dont Joachim aurait été le précurseur, saint François, le messie, et dont eux-mêmes seraient les messagers.

---

ces passages soient des interpolations de Gérard, ainsi que le passage où Joachim prédit expressément les ordres mendiants.

VI

—

LA DOCTRINE DE « L'ÉVANGILE ÉTERNEL »

L'étude des documents confirme donc de point en point le récit de frà Salimbene. La doctrine de *l'Évangile éternel* arriva à un éclat public dans l'ordre de saint François, sous le généralat et avec la protection plus ou moins avouée de Jean de Parme ; mais Jean de Parme n'écrivit rien sous ce titre. L'auteur du livre maudit fut Gérard de Borgo San-Donnino. Gérard et Jean de Parme eux-mêmes ne furent pas les inventeurs du système qui effraya la chrétienté en 1254. Depuis longtemps, le joachimisme avait pris racine chez les disciples ardents de saint François. Salimbene raconte[90] que, vers l'an 1240, un vieux saint abbé de l'ordre de Flore vint à Pise prier les religieux de prendre en garde les livres de Joachim que possédait son couvent. Ce couvent était situé entre Lucques et Pise, et il craignait, disait-il, de le voir pillé par Frédéric II. Les meilleurs théologiens du couvent de Pise se mirent à lire les livres apportés par le vieil abbé ; ils furent frappés des coïncidences que les prophéties de Joachim offraient avec les événements du temps, et, laissant là la théologie, ils devinrent de fougueux joachimites. Il ne serait pas trop téméraire de supposer que les livres ainsi mystérieusement confiés aux franciscains de Pise étaient les écrits apocryphes de Joachim, tels que le *Commentaire sur Jérémie*, lesquels furent justement composés vers ce temps[91]. L'enthousiasme n'entend pas la véracité comme le bon sens vulgaire ; il ne se croit pas assujetti aux règles scrupuleuses de probité littéraire qui sont le propre des siècles de critique et de réflexion. Persuadé de la vérité supérieure des inspirations de sa conscience, le prophète ne se fait pas scrupule d'appeler à son appui ce que l'homme de sens rassis appelle fourberie et imposture.

Près de quarante ans s'étaient écoulés depuis la mort de l'abbé de Flore ; ses livres, tenus secrets et cachés au fond des cellules de quelques moines[92], n'étaient connus que d'un petit nombre d'adeptes ; sa personne, entourée de reflets légen-

---

[90] p. 101.

[91] Les adversaires des joachimites semblent se douter de la fausseté de ces écrits, les appellent *prophetias hominum fantasticorum*. Salimbene, p. 131.

[92] « …Libri joachimi, qui a majoribus nostris usque ad hæc tempora remanserunt intacti, utpote latitantes apud quosdam religiosos in angulis et antris, doctoribus induscussi. » (Concile d'Arles, Labbe, t. XIV, col. 241.)

daires, son caractère de prophète déjà universellement accepté, la croyance où l'on était qu'il avait reçu du Saint-Esprit une inspiration spéciale pour prédire les destinées de l'Église, en faisaient un excellent patron pour la doctrine que l'on voulait établir, et dont les germes se trouvaient réellement en ses écrits. On mit le patriarche de Flore en rapport avec le mouvement nouveau ; on lui fit prédire l'apparition de deux ordres destinés à changer la face de la chrétienté[93]. Sa légende fut calquée sur celle de saint François. La grande autorité de saint François venait des stigmates, qui l'assimilaient au Christ : Joachim eut aussi des stigmates. Comme François, il allait nu-pieds ; comme lui, il confondait la nature et les animaux dans un amour universel. Joachim devint ainsi tantôt le précurseur de François d'Assise, tantôt le fondateur d'une foi nouvelle, supérieure à celle de l'Église catholique, destinée à la remplacer et à durer éternellement. On lui donna pour précurseur à lui-même un certain Cyrille, ermite du mont Carmel, prophète comme lui, et dont les oracles portaient un singulier caractère d'illuminisme et de hardiesse. Ses écrits, soit authentiques, soit apocryphes, furent, aux yeux de la petite Église, une sorte de révélation. Bien moins enlacés que les dominicains dans les liens de la théologie scolastique et parfois à peine chrétiens, les franciscains eurent, en fait de spéculations mystiques, comme en fait de science et de poésie, une liberté d'allure qu'on chercherait vainement au moyen âge en dehors de leur institut.

On ne saurait se figurer, en effet, à moins d'avoir lu le curieux ouvrage de frà Salimbene, à quel degré les idées joachimites avaient pénétré l'ordre et combien elles y faisaient travailler les têtes. Un saint homme de Provence, Hugues de Digne, qui prêcha devant saint Louis, était l'oracle de la secte ; on accourait de toutes parts à sa cellule d'Hyères, pour entendre les terreurs et les espérances contenues dans la nouvelle Apocalypse[94]. Il possédait tous les ouvrages de Joachim écrits en grosses lettres. On le tenait généralement lui-même pour prophète, et il fut le père d'une sorte de tiers ordre de mendiants vagabonds qu'on appelait *saccali* ou *boscarioli*. Hugues fut l'ami intime de Jean de Parme et peut-être son initiateur en ces dangereuses nouveautés. Salimbene vint souvent le voir et parle

---

[93] Salimbene, p. 118, 123-124, 338, 389, 403. Une tradition fort accréditée parmi les chroniqueurs des ordres mendiants voulait même que Joachim eût fait peindre, dans l'église Saint-Marc de Venise, saint François et saint Dominique dans le costume que l'iconographie chrétienne leur a depuis consacré. L'opinion qui voit dans les mosaïques de Saint-Marc tirées de l'Apocalypse la représentation figurée des idées de Joachim n'est guère moins invraisemblable. Ce qu'il y a de curieux, c'est que plus tard les Jésuites voulurent aussi avoir été prédits par Joachim. Voir Acta SS. Maii, t. VII, p. 141-142.
[94] Salimbene, p. 98 ss, 124, 141-142, 148, 319-230. Comp. *Histoire littéraire*, XXI, p. 293 ; Albanès, *Vie de sainte Douceline*, p. XLVII ss.

de lui comme d'un inspiré. Sa sœur sainte Douceline fut la fondatrice des béguines de Marseille, et la trace des épreuves que lui valurent ses relations avec Jean de Parme et les chefs du mouvement franciscain s'aperçoit encore derrière le tour purement édifiant de la biographie provençale qui nous est restée d'elle[95].

La fièvre du joachimisme atteignait les meilleurs esprits. Un des premiers hommes du siècle, Adam de Marsh, l'ami de Roger Bacon, au fond de l'Angleterre, recevait avec empressement d'Italie les moindres parcelles des ouvrages de l'abbé de Flore et les transmettait sur-le-champ à son ami Robert Grossetête, évêque de Lincoln[96], en lui faisant remarquer les menaces qu'on y lisait contre les vices du clergé. Remontant rapidement de couvent en couvent le long du Rhône et de la Saône, le joachimisme se répandit surtout en Champagne. C'est à Provins que Salimbene rencontra les deux coryphées de la secte, Barthélemi Ghiscolo de Parme et Gérard de Borgo San-Donnino[97]. En général, tous ces joachimites étaient de vrais saints, mais des croyants fort libres, attachant à leurs idées propres et aux écrits de leur maître autant d'importance qu'à l'enseignement de l'Église et à l'autorité de la Bible.

Le général de l'ordre, Jean de Parme, partageait hautement ces chimères[98]; plusieurs des affiliés lui accordaient une place parmi les anges précurseurs de l'Évangile nouveau; on voulait qu'il eût douze compagnons comme saint François[99]. Mais de beaucoup le plus exalté joachimite était frère Gérard de Borgo San-Donnino. Gérard avait fait son éducation dans le royaume de Sicile; c'était un homme jeune encore, instruit à la façon du temps, d'un caractère aimable, de mœurs pures[100]. Nous le trouvons, dès 1248, au couvent de Provins, plongé dans la lecture des écrits de Joachim, cherchant à faire des prosélytes, troublant déjà toute la maison par ses sombres prophéties. Ghiscolo et Salimbene le soutenaient; mais les frères de France lui faisaient une vive opposition. Vers l'an 1249, le petit cénacle joachimite de Provins fut dissous. Ghiscolo fut envoyé à Sens, Salimbene à Autun, Gérard à Paris, pour y représenter aux études de l'Université la province de Sicile. Il y étudia quatre années. Ses idées durant ce temps ne firent

---

[95] *Vie de sainte Douceline*, publiée par M. l'abbé Albanès, Marseille, 1879, p. XLIX, 35, 37, 99, 115, 137, 155. M. Paul Meyer avait le premier aperçu de l'importance de ce document pour l'histoire du mouvement franciscain. *Les derniers troubadours de la Provence*, 1871, p. 19.

[96] «Paucas Particulas de variis expositionibus abbatis Joachim, quæ ante dies aliquot per quemdam fratrem venientem de partibus transmontanis mihi sunt allatæ», dans les *Monumenta franciscana*, publiés par J.-S. Brewer, Londres, 1858, p. 146-147, Comp. Salimbene, p. 99.

[97] Salimbene, p. 101 ss, 318.

[98] Salimbene, p. 124, 131-133.

[99] Salimbene, p. 317-319.

[100] *Ibid.*, p. 102 ss, 233 ss.

que s'exalter, et, en 1254, il publia le livre qui devait produire un si grand scandale. De nombreuses prophéties désignaient déjà l'année 1260 comme l'année critique du monde chrétien. Gérard annonça hardiment que cette année verrait l'inauguration de l'ère nouvelle. Des passages mal compris de l'Apocalypse (XI, 3 ; XII, 6 ; XX, 3 et 7) étaient censés appuyer ces étranges calculs. À vrai dire, tous les rêves des nouveaux millénaristes sortaient, par une exégèse arbitraire, mais conforme à l'esprit du temps, de la grande source des espérances chrétiennes, du volume écrit à Patmos.

On lit au chapitre XVI de ce livre mystérieux : « Je vis un ange qui volait au zénith, tenant *l'Évangile éternel* pour l'annoncer à ceux qui sont sur la terre, à toute nation, à toute tribu, à toute langue, à tout peuple. » L'imagination du moyen âge ne devait pas laisser ce texte dans l'oubli : on le rapprocha des oracles sibyllins, acceptés par la tradition des Pères, et qui, sortis eux-mêmes de l'effervescence des anciennes sectes millénaristes, renfermaient de puissantes aspirations vers l'avenir. La corruption de l'Église, bien éloignée des prédictions de l'Évangile, portait les esprits à concevoir un état imaginaire où la perfection tant de fois promise serait enfin réalisée.

« Le Père a régné quatre mille ans dans l'Ancien Testament, disaient les prédicateurs de la foi nouvelle[101] ; le Fils a régné jusqu'à l'an 1200 ; alors l'Esprit de vie est sorti des deux Testaments pour faire place à l'Evangile éternel ; l'an 1260 verra commencer l'ère du Saint-Esprit. Le règne des laïques, correspondant à celui du Père, a duré dans l'ancienne loi ; le règne du clergé séculier, correspondant à celui du Fils, a duré dans la nouvelle ; le troisième âge sera le règne d'un ordre composé en proportions égales de laïques et de clercs[102], et spécialement voué au Saint-Esprit. Un nouveau sacerdoce remplacera l'ancien ; on ne sera prêtre alors et l'on n'aura droit d'enseigner qu'à la condition de marcher nu-pieds[103]. Les sacrements de la loi nouvelle n'ont plus que six ans à vivre[104].

---

[101] D'Argentré, *op. cit.*, p. 163 ss. D'Argentré a omis le passage suivant : « Item in III capitulo, circa medium, dicitur : "Opera quæ fecit Deus trinitas ab initio usque nunc sunt opera Patris (le ms. 1706 porte : Trinitatis) tantum", et post pauca : "Et illud tempus in quod operatus est Deus Pater est principium temporis Patris, et potest dici primus status mundi, etc." »

[102] C'était là une particularité de l'ordre de saint François, lequel admettait des laïques dans sa confraternité.

[103] D'Argentré a imprimé à tort *independentium* pour *nudipedum*. Il a retranché l'indication des passages visés par la censure et qui sont au nombre de cinq. On lit dans le quatrième document : « Quod nullus est simpliciter idoneus, etc., nisi illi qui nudis pedibus incedunt. » D'Argentré porte ici « idoneus Evangelio ». Nicolas Eymeric porte : « Quod simplex homo est idoneus ad instruendum hominem alium de spiritualibus et æternis, nisi… »

[104] Quod sacramenta novæ legis non durabunt a modo nisi per sex annos. Preger, p. 36.

« Jésus-Christ et ses apôtres n'ont pas été parfaits dans la vie contemplative. La vie active a sanctifié jusqu'à Joachim ; maintenant la vie active est devenue inutile ; c'est la vie contemplative, dont la tradition se conserve chez les successeurs de Joachim, qui justifie. D'où il suit que l'ordre clérical périra, et sera remplacé par un troisième ordre plus parfait, l'ordre des religieux, prédit par le psalmiste quand il a dit : Des cordes excellentes me sont tombées en partage[105]. Cet ordre se fortifiera justement quand l'ordre des clercs finira. Ce sera l'ordre des petits[106]. Dans le premier âge du monde, le gouvernement de l'Église fut confié par le Père à certains grands hommes de l'ordre des gens mariés, et c'est ce qui fait la légitimité de cet ordre. Dans le second âge du monde, le règne a été confié par le Fils à certains de l'ordre des clercs, et c'est ce qui fait la gloire de cet ordre. Dans le troisième âge, le règne sera confié par l'Esprit Saint à un ou plusieurs de l'ordre des moines, lequel sera ainsi glorifié. Quand les prédicateurs de cet ordre seront persécutés par le clergé, ils pourront passer chez les infidèles, et il est bien à craindre, ajoutait-on, qu'ils ne passent chez eux pour les mener au combat contre l'Église romaine[107].

« L'intelligence du sens spirituel des Écritures n'a pas été confiée au pape ; ce qui lui été confié, c'est seulement l'intelligence du sens littéral. S'il se permet de décider du sens spirituel, son jugement est téméraire, et il n'en faut pas tenir compte. Les hommes spirituels ne sont pas tenus d'obéir à l'Église romaine, ni d'acquiescer à son jugement dans les choses de Dieu.

« Les Grecs ont bien fait de se séparer de l'Église romaine ils marchent plus selon l'esprit que les Latins, et sont plus près du salut[108]. Le Saint-Esprit sauve les Grecs, le Fils opère le salut, des Latins, le Père éternel veille sur les Juifs et les sauvera de la haine des hommes, sans qu'ils aient besoin pour cela d'abandonner le judaïsme[109].

« L'Ancien Testament, œuvre du temps où opérait le Père, peut être comparé au premier ciel ou à la clarté des étoiles ; le Nouveau Testament, œuvre du temps où opérait le Fils, peut être comparé au second ciel ou à la clarté de la lune ; l'Évangile éternel, œuvre du temps où opérera le Saint-Esprit, peut être comparé

---

[105] Je n'ai pas besoin de faire remarquer aux hébraïsants le curieux contresens que l'on commettait ici.
[106] « Ordo parvulorum » allusion au nom des Frères Mineurs. Cf. Salimbene, p. 122.
[107] « Quod Prædicatores et doctores religiosi, quando infestabuntur a clericis, fransibunt ad infidèles ; et timendum est ne ad hoc transeant ut congregent eos in prælium contra romanam ecclesiam, juxta doctrinam beati Joannis, Apoc., XVI. »
[108] « Quod papa græcus (Nicolas Eymeric : populus græcus) magis ambulat secundum Evangelium (Meyenberg : Spiritum). » Les centuriateurs de Magdebourg ont aussi : « Papa græcus. »
[109] D'Argentré, p. 165 ; au lieu de *infime*, lire *in fine*.

38

à la clarté du soleil[110]. L'Ancien Testament représente le vestibule[111] ; le Nouveau Testament représente le Saint ; l'Évangile éternel, le Saint des saints. Le premier a été l'âge de la loi et de la crainte ; le second, l'âge de la grâce et de la foi ; le troisième sera l'âge de l'amour. Le premier a été le temps de l'esclavage, le second le temps de la servitude filiale, le troisième sera le temps de la liberté. Le premier a été une nuit étoilée, le second a été l'aurore, le troisième sera le plein jour. Le premier représentait l'hiver, le second le printemps, le troisième représentera l'été. Le premier était l'écorce ; le second, la coque ; le troisième sera le noyau. Le premier portait des orties ; le second, des roses ; le troisième portera des lis. Le premier est représenté par l'eau, le second par le vin, le troisième par l'huile ; ou bien encore le premier par la terre, le second par l'eau, le troisième par le feu. Le premier est figuré par la septuagésime, le second par le carême, le troisième par les joies pascales[112]. L'Évangile du Christ est littéral, l'Évangile éternel sera spirituel, et méritera d'être appelé l'Évangile du Saint-Esprit. L'Évangile du Christ a été énigmatique, le nouvel Évangile sera sans paraboles et sans figures ; c'est de lui que saint Paul a dit : Nous voyons maintenant comme en un miroir et par énigmes, mais alors (c'est-à-dire dans le troisième état de l'humanité) nous verrons face à face[113]. La vérité des deux Testaments apparaîtra sans voile ; les Écritures divines se diviseront en trois parties, l'Ancien Testament, le Nouveau Testament et l'Évangile, en entendant par ce mot l'Evangile éternel[114]. Ce dernier

---

[110] D'Argentré donne mal ce passage. Il faut lire : « …comparai vetus Testamentum primo coelo, Evangelium Christi segundo coelo, Evangelium æternum tertio coelo. »

[111] *Atrio*. D'Argentré donne à tort *sanctuario*, d'après 1706.

[112] Voir *Concorde*, 1. V, ch. LXXXIV. Je suppose que beaucoup d'interpolations de Gérard se sont glissées ici dans le texte de Joachim.

[113] Ce passage est mal donné par d'Argentré : « Item, X. capitulo, D, dicit quod tertius status mundi, qui est proprius Spiritus Sancti, erit sine ænigmate et sine figuris ; unde, circa medium ejusdem capituli, ponit hæc verba : « Apostolus, I Cor., XIII, loquens de fide et caritate, distinguendo statum mundi fidei, scilicet secundum statum mundi, qui ænigmaticus est, a statu caritatis, qui proprius Spiritus Sancti est et est sine ænigmate, figuravit duorum Testamentorum [differentiam], ut patet alibi, quia comparando unum ad aliud dicit : Ex parte cognoscimus et ex parte probhetamus, et hoc quantum ad secundum statum : quum autem venerit quod perfectum est, scilicet tempus caritatis, quod est tertius status mùndi,evacuabitur quod ex parte est, quasi dicat : Tunc cessabunt omnes figuræ, et veritas duorum Testamentorum sine velamine apparebit ; et statim subdit : Videmus nunc per speculum, etc. »

[114] D'Argentré a omis presque tout ce passage : « item, XXVIII. capitulo, A, dicit Sacram Scripturam divisam in tres partes, scilicet in Vetus Testamentus et Novum etEvangelium, quod capitulum tolum est notabile, et totum legatur. Idem expresse habetur XXX. capitulo, ubi dicit : « Hæc tria sacra volumina » ; et eodem capitulo, D, dicit : « Alia est Scriptura divina quæ data est fidelibus eo tempore quo Deus Pater dictus est operari, et alia quæ data est christianis eo tempore quo Deus filius operari dictus est, et alia quæ nobis data (d'Argentré : « danda ») est eo tempore quo Spiritus Sanctus proprietate mysterii operatur (d'Argentré : « mystérii Trinitalis operabitur »).

sera aussi obligatoire pour les hommes du troisième état que le Vieux Testament l'a été pour les hommes du premier état, que le Nouveau l'a été pour les hommes du second état, quoique cette vérité, ajoutait-on, déplaise aux hommes de cette génération.

« Trois grands hommes ont présidé à l'inauguration de l'Ancien Testament, Abraham, Isaac et Jacob, le dernier accompagné de douze personnages (les douze patriarches). Trois grands hommes ont présidé à l'avènement du Nouveau Testament : Zacharie, Jean Baptiste et le Christ, accompagné de ses douze apôtres. De même, trois grands hommes présideront à la fondation du troisième état, qui est celui des moines : l'homme vêtu de lin (Joachim), ange portant la faux aiguisée (saint Dominique[115] ?), et l'ange portant le signe du Dieu vivant (saint François), par lequel Dieu a renouvelé la vie apostolique, et qui a eu douze apôtres comme le Christ. L'an 1200 a été ainsi l'année de l'avènement des hommes nouveaux, l'année où l'Évangile du Christ a perdu sa valeur.

« La doctrine de Joachim abroge l'Ancien et le Nouveau Testament. L'Évangile du Christ n'a pas été le véritable Évangile du royaume ; il n'a pas su bâtir la véritable Église[116] ; il n'a conduit personne à la perfection[117]. Le règne appartient maintenant à l'Évangile éternel, qui, annoncé par la venue d'Élie, va être prêché à toute nation. Les prédicateurs de ce nouvel Évangile seront supérieurs à celui de la primitive Église. À l'approche du jour solennel, ceux qui président à l'ordre des moines devront se détacher de plus en plus du siècle, et se préparer à revenir au peuple antique des Juifs.

« Le triomphe de l'ordre des moines, ajoutait-on obscurément, s'effectuera par un homme ou par quelques hommes qui en seront les représentants, et dont la gloire sera celle de l'ordre lui-même. Il s'élèvera de l'ordre des religieux un homme qui sera préféré à tous les autres en dignité et en gloire. Ce triomphe sera précédé du règne de l'abomination, c'est-à-dire du règne d'un faux pape simoniaque, qui occupera le siège pontifical vers la fin du sixième âge du monde.

« Cette tribulation, disait frère Gérard, sera telle qu'il n'y en aura jamais eu de semblable, et elle se produira aussi bien dans l'ordre temporel que dans l'ordre spirituel ; elle aura lieu vers l'an 1260. Alors paraîtra l'Antéchrist. Puis, après un court intervalle de paix, commencera une tribulation pire encore. Celle-ci sera toute spirituelle et par conséquent plus dangereuse. »

---

[115] Cette interprétation n'est pas donnée dans les manuscrits, sans doute parce que les censeurs dominicains n'auraient pas vu avec plaisir le nom de leur patriarche mêlé à ces systèmes dangereux.

[116] « Nec ædificatorium ecclesiæ », et non « Nec ædificatio », comme porte d'Argentré.

[117] « Quod Evangelium Christi neminem ducit ad perfectionem », omis par d'Argentré.

À ces vues se rattachaient des calculs empruntés à Joachim sur les généalogies de l'Ancien Testament considérées comme prophétiques[118], et un ensemble de prédictions où la haine contre l'Église de Rome et contre les puissances du siècle se donnait pleine carrière. Tous les prophètes étaient appelés en témoignage pour annoncer la substitution d'une Église monacale et pauvre à l'Église officielle, la prochaine venue de l'Antéchrist, l'abomination de la désolation trône dans le lieu saint, c'est-à-dire l'avènement d'un pape mondain, qui introduirait dans les églises ses courtisanes et ses chevaux, enfin la ruine imminente de cette Babylone orgueilleuse qui se gorgeait des tributs du monde entier et persécutait les justes quand ceux-ci lui reprochaient ses impiétés. On racontait que Joachim, consulté par Richard Cœur-de-Lion sur l'Antéchrist, avait répondu qu'il était déjà né dans Rome, et qu'il y régnerait pour s'élever, comme dit l'apôtre, au-dessus de ce qui porte le nom de Dieu[119]. D'autres disaient qu'il désapprouvait les croisades, parce que les infidèles étaient moins éloignés que les Latins de l'Évangile éternel[120]. À ceux qu'irritaient ces perpétuelles jérémiades il répondait, à ce qu'on assure : «Ceux qui haïssent le royaume du ciel ne veulent pas que le royaume du monde périsse ; ceux qui n'aiment pas Jérusalem ne veulent pas la fin de l'Égypte[121].» Les plus fortes images de l'Écriture étaient invoquées pour peindre à l'imagination le châtiment des prélats mercenaires et la vengeance des saints. Les abus des richesses et du pouvoir temporel de l'Église étaient poursuivis avec une virulence que les plus grands emportements de la Réforme ont à peine connue.

Telles étaient les pensées étranges qui fermentaient sous le froc de quelques moines, et qui, en 1254, osèrent se montrer au grand jour. Je ne sais si je m'égare sur la portée réelle de ces essais ; mais, en voyant la persistance avec laquelle, sous une forme ou sous une autre, de telles idées se produisirent durant plus d'un siècle, et toujours au sein de la famille franciscaine ; en voyant quelle correspondance elles avaient dans les hérésies, les mouvements populaires, les révolutions politiques du temps ; en voyant des sectaires exaltés déclarer que les Grecs schismatiques, les Juifs, les infidèles eux-mêmes, chez qui ils espéraient trouver moins d'opposition, valaient mieux que l'Église latine, dont ils désespéraient de

---

[118] «Primus est error enumerandi carnales genealogias», et non «annales» comme porte d'Argentré. Il faut lire ensuite : «Secundus est studium noscendi momenta et tempora eorum quæ venient vel venerunt in secundo statu mundi per ea quæ venerunt in primo statu mundi...»

[119] Roger de Hoveden, apud Savile, *Rec. angl. script.*, p. 681-682. On attribuait à Joachim une réponse toute semblable, faite à Adam de Perseigne. Voir Acta SS. Maii, t. VII, p. 138-139 ; Hauréau, *Histoire littéraire du Maine*, I, p. 29-33.

[120] J. Wolf, Centenarii, p ; 497. — Il est bien remarquable qu'en 1249, lors du départ de saint Louis, les joachimites se montrèrent peu satisfaits. Salimbene, p. 102.

[121] Salimbene, p. 103.

triompher, je ne crois point exagérer en disant qu'il y eut là une tentative avortée de création religieuse. Il n'a tenu qu'à peu de chose que le XIIIᵉ siècle, si extra-ordinaire à tant d'égards, n'ait vu éclore une religion nouvelle, dont l'institution franciscaine renfermait le germe ; si cela n'eût dépendu que des membres fanatiques de l'ordre nouveau, le monde, de chrétien, serait devenu franciscain[122]. Nous allons voir comment ces prétentions échouèrent devant la rigueur scolastique de l'Église gallicane, la fermeté de la cour de Rome, le bon sens d'une société laïque qui commençait à naître, et surtout par l'impossibilité même des projets qu'on voulait accomplir.

Paris, où le nouvel Évangile choisit de naître, était le point du monde le moins favorable à ses progrès. Ces rêves d'une perfection imaginaire, ces vagues aspirations vers un état idéal et surhumain, vinrent se briser contre le tour pratique de l'esprit français. On est surpris de la justesse et de la netteté avec lesquelles les représentants de l'Université de Paris à cette époque, les grands adversaires de la mendicité religieuse, Guillaume de Saint-Amour et Gérard d'Abbeville, aper-çurent la portée sociale des nouvelles institutions monastiques[123]. Sans doute les religieux qui ne partageaient pas les théories exagérées des franciscains, et surtout les dominicains, qui, loin de les partager, en furent les plus constants adver-saires[124], pouvaient réclamer avec justice contre l'affectation que l'on mettait à confondre la doctrine de la pauvreté monastique avec celle de *l'Évangile éternel*. Saint Thomas d'Aquin se montre presque aussi sévère que Guillaume de Saint-Amour dans le blâme qu'il inflige aux idées de l'école joachimite, et Guillaume de Tocco, son biographe, rapporte qu'ayant trouvé dans un monastère les ouvra-ges de l'abbé de Flore, il les lut en entier, souligna tout ce qui lui parut erroné, et défendit impérieusement de lire et de croire tout ce qu'il avait ainsi annulé de son infaillible autorité[125].

On ne peut donc douter que, dans la chaleur de la lutte, à un moment où l'on faisait arme de tout pour amener la condamnation de ses adversaires, l'Uni-

---

[122] Ainsi l'entendait certainement Guillaume de Saint-Amour : « Jam sunt 55 anni quod aliqui laborant ad mutandum Evangelium Christi in aliud Evangelium, quod dicunt fore perfectius, melius et dignius, quod appellant Evangelium Spiritus Sancti, sive Evangelium æternum, quo adveniente, evacuabitur, ut dicunt, Evangelium Christi. » *De Peric. noviss. temp.*, p. 38. (Opera, Constantiæ [Parisiis], 1632.)

[123] Voir l'article de M. Daunou sur Jean de Parme (*Histoire littéraire de la France*, t. XX) et sur-tout celui de M. Victor Le Clerc sur Guillaume de Saint-Amour et Gérard d'Abbeville (*Ibid.*, t. XXI).

[124] Salimbene, p. 104-108.

[125] « Ubi aliquid erroneum reperit vel suspectum, cum linea subducta damnavit, quia totum legi et credi prohibuit quod ipse sua docta manu cassavit. » Acta SS, Martii, t. I, p. 667.

versité n'ait saisi *l'Évangile éternel* comme une bonne fortune pour discréditer les religieux, de même que ceux-ci exploitaient contre l'Université le reproche d'averroïsme et le blasphème des Trois Imposteurs. Rarement la polémique s'interdit la déloyale manœuvre qui consiste à tirer parti contre une doctrine de ce qui en est l'exagération. Cette fois cependant, la calomnie n'était pas sans quelque fondement de vérité. L'abus de la logique et l'autorité accordée aux gloses arabes donnaient une certaine couleur aux accusations intentées contre l'Université. Il y avait, d'un autre côté, entre *l'Évangile éternel* et la doctrine de la pauvreté religieuse, une affinité réelle, que les docteurs de l'Université reconnaissaient avec beaucoup de pénétration. La mendicité était devenue le prétexte des plus étranges doctrines. Guillaume de Saint-Amour ne cessait de prêcher contre les truands, les bons valets et autres sectes de mendiants, qui disaient «que le travail des mains est un crime, qu'il faut toujours prier, que la terre porte bien plus de fruits par la prière que par le travail». L'évêque de Paris, voulant donner à l'Université le plaisir de voir un moine convaincu des erreurs les plus graves, déféra au pape Alexandre IV *l'Introduction à l'Évangile éternel*. Le pape nomma la commission de trois cardinaux que nous avons vu fonctionner. Au mois de juillet 1255, fut prononcée la condamnation, dont les pièces préliminaires nous ont été conservées.

C'était une satisfaction que la papauté, suivant sa règle de sacrifier les extrêmes les uns aux autres, accordait à l'université ; mais, par égard pour l'ordre qu'une telle condamnation semblait frapper, le pape ordonna de brûler secrètement à Anagni le livre condamné, tandis que la sentence prononcée l'année suivante contre le *De Periculis novissimorum temporum* de Guillaume de Saint-Amour reçut le plus grand éclat[126]. Cette digne Église gallicane n'en fut pas moins fière d'avoir arrêté les progrès d'une doctrine perverse, et crut avoir préservé la chrétienté d'un grand danger. Le sentiment de naïf contentement qu'elle éprouva de sa victoire se retrouve dans ces mauvais vers du poète universitaire Jean de Meung :

> Et se ne fust la bonne garde
> De l'Université qui garde
> La clef de la Crestienté,
> Tout eust esté bien tormenté,

---

[126] Matthieu Paris, loc. cit. Fabricius remarque en effet que la condamnation de *l'Évangile éternel* n'est pas mentionnée dans le Bullaire, tandis que celle du *De periculis* y est rapportée tout au long. (Codex apocryphus N. T., 2ᵉ éd., t. 1, p. 337-338.)

Quant par mauvese entencion,
En l'an de l'incarnacion
Mil et deux cens cinc et cinquante,
(N'est hons vivant qui m'en demente)
Fut baillé, c'est bien chose voire,
Pour prendre commun exemploire
Ung livre de par le Déable
C'est l'Évangile pardurable
Que li Sainz Esperiz ministre,
Si cum il aparoit au tistre…
Où parvis devant Nostre-Dame
Qui lors avoir ne le peust
À transcrire, s'il li pleust…
L'université, qui lors iere
Endormie, leva la chiere,
Du bruit du livre s'esveilla…
Ains s'arma por aler encontre,
Quant el vit cel horrible monstre…
Mès cil qui là le livre mistrent,
Saillirent sus et le repristrent[127]…

Le coup qui frappa *l'Évangile éternel* ne pouvait manquer d'atteindre les apôtres de la nouvelle doctrine. Bien que Jean de Parme eût eu la sagesse de rester
dans l'ombre et qu'il se fût gardé, on peut le croire du moins, des exagérations de
ses propres partisans, son zèle pour l'observation de la règle, sa sévérité contre les
membres tièdes, lui avaient fait de puissants ennemis qui saisirent cette occasion
pour le perdre. Un chapitre général tenu à l'Ara Coeli en février 1257 souleva
contre lui les accusations les plus graves. On l'accusait de préférer la doctrine
de Joachim à la foi catholique, et d'avoir pour amis intimes Léonard et Gérard,
joachimites déclarés. Il fut forcé d'abdiquer le généralat. Un parti intermédiaire
se forma entre la portion relâchée de l'ordre et la partie rigoriste : le mysticisme
orthodoxe et réglé l'emporta en la personne de saint Bonaventure. Le premier
soin du nouveau général fut de faire juger son prédécesseur et ses deux affidés
Léonard et Gérard. Ces deux moines furent condamnés aux fers, au pain de la

---

[127] *Roman de la Rose*, vers 11994 ss, de l'édition de Méon. Voir *Historiens de la France*, t. XXI,
p. 78, 119-120, 698, 768 ; p. Paris, *Chron. de Saint-Denis*, t. IV, p. 374 ; Ancilloniana, 1698, I,
p. 117-118.

tribulation et à l'eau de l'angoisse, c'est-à-dire à l'horreur d'une prison souterraine où nul ne devait les visiter. Gérard y mourut sans vouloir renoncer à ses espérances[128]. On le priva de la sépulture ecclésiastique ; ses os furent enterrés dans le coin du jardin réservé aux ordures.

Quant à Jean, les sympathies que lui avait values son noble caractère et surtout l'amitié personnelle du nouveau général adoucirent sa disgrâce. Il obtint de choisir le lieu de sa retraite et opta pour le petit couvent de la Greccia, près de Rieti. Là, il vécut trente-deux ans dans une solitude profonde. Il garda ses opinions joachimites sans qu'on l'inquiétât. Deux papes songèrent même, dit-on, à le faire cardinal ; les plus grands personnages de la cour de Rome venaient s'édifier près de lui[129]. Vers 1289, il rentra un moment dans la vie active ; il voulut retourner chez les Grecs, à la réconciliation desquels il avait déjà travaillé dans sa jeunesse. Une maladie le surprit à Camerino, et il y mourut. Sa légende avait commencé de son vivant ; elle se modela de point en point sur celle de François d'Assise[130]. Des miracles s'opérèrent sur sa tombe ; son parti fut même assez fort pour le faire mettre au rang des bienheureux.

Les joachimites, ses amis, à l'exception de Gérard, finirent tous comme des saints. Ghiscolo, à son lit de mort, eut des visions si frappantes que tous les frères qui étaient présents en furent émerveillés[131]. Le bon Salimbene continua sa joyeuse vie de spirituel vagabond, tantôt reniant ses erreurs de jeunesse et regrettant le tort que Jean et Gérard avaient fait à l'ordre, tantôt avouant avec un certain plaisir qu'il a été lui-même du cénacle des joachimites et qu'il n'a jamais connu d'hommes si pieux et si aimables[132]. Comme tous les héros de ce singulier mouvement étaient fort jeunes, le mot d'Évangile éternel mourut longtemps avant eux. Depuis 1256, en effet, ce nom disparaît de l'histoire, où il ne figura que durant une ou deux années. Son sort rappelle celui de ces drapeaux d'un jour, usés vite par les partis, qu'on voit s'élever dans les temps de crise pour représenter, un moment, des causes réservées à bien des transformations ultérieures.

---

[128] Salimbene, p. 102, 103, 233. Selon une autre version, Gérard fut délivré de prison par saint Bonaventure, dix-huit ans après, et Léonard y mourut. Fleury, *Hist. eccl.*, liv. LXXXIV, nº 27. Salimbene ne parle pas de Léonard.

[129] Salimbene, p. 131, 133, 317.

[130] Salimbene, p. 137-138. Pour la circonstance des douze compagnons, voir p. 317-319. Voir aussi la *Vie de sainte Douceline*, p. 136 ss (éd. Albanès).

[131] Salimbene, p. 101, 318.

[132] Salimbene, p. 102, 103, 122, 129, 130, 131, 141, 148, 227, 233, 235, 236.

VII

—

FORTUNES DIVERSES DE LA DOCTRINE
DE « L'ÉVANGILE ÉTERNEL »

Tout le monde est à peu près d'accord aujourd'hui sur les grandes divisions de l'histoire intellectuelle du moyen âge. Loin de présenter une ombre uniforme, comme on se l'est souvent figuré, la grande nuit qui s'étend de la ruine de la civilisation antique à la reprise de la civilisation moderne offre à l'œil attentif des lignes très claires, d'un dessin très lisible. La nuit ne dure réellement que jusqu'au XIe siècle. Alors a lieu une renaissance en philosophie, en poésie, en politique, dans les arts. Cette renaissance, qui d'abord se fait par la France, atteint son plus beau moment dans la première moitié du XIIIe siècle ; puis elle s'arrête. Le fanatisme, l'esprit étroit de la scolastique, les atrocités de l'inquisition dominicaine, le pédantisme de l'Université de Paris, l'incapacité de la plupart des souverains amènent une complète décadence. Le XIVe et le XVe, siècle sont pour toute l'Europe, l'Italie exceptée, de bas siècles, des siècles où l'on ne pense plus, où l'on ne sait plus écrire, où l'art s'affaiblit, où la poésie se tait. Un feu nouveau, cependant, couve au sein de l'Italie. La vraie et définitive Renaissance se prépare ; l'Italie fait une seconde fois pour l'humanité ce que la Grèce avait fait une première fois ; elle retrouve les règles du vrai et du beau ; elle devient la maîtresse de tout art, de toute science, l'éducatrice du genre humain.

Il n'y a pas de grand siècle sans mouvement religieux. La renaissance du XIIe et du XIIIe siècle eut ses tentatives de réforme. Le plus grand étonnement de ceux qui étudient de près l'histoire du moyen âge est que le protestantisme ne se soit pas produit trois cents ans plus tôt. Toutes les causes d'une révolution religieuse existaient au XIIIe siècle ; toutes furent étouffées. Il arriva au XIIIe siècle ce qui serait arrivé au XVIe, si Luther eût été brûlé, si Charles-Quint eût exterminé les réformés, si l'Inquisition eût réussi dans toute l'Europe comme elle réussit en Espagne et en Italie. Des aspirations vers une Église spirituelle et un culte plus pur se faisaient jour de tous les côtés. L'Évangile éternel ne fut qu'une tentative entre plusieurs autres pour substituer un nouvel ordre religieux et social à celui qui était fondé sur l'autorité de l'Église établie.

De même que la Renaissance italienne ne put se faire sans un souffle venant du monde grec, les mouvements religieux du XIIIe siècle furent aussi à beaucoup d'égards un effet de l'influence de l'Église orientale. En ce qui concerne l'Évangile éternel, je ne doute pas qu'il n'en faille chercher l'origine dans l'Église grecque. L'abbé Joachim, durant toute sa carrière, fut dans les rapports les plus intimes avec la Grèce. La Calabre, où il vécut et où son école se continua par une tradition à peine interrompue, était un pays à demi grec. Ses principaux disciples, les rédacteurs de sa légende, les personnages prophétiques avec lesquels on le met en rapport sont des Grecs[133]. Lui-même voyage en Grèce à plusieurs reprises, afin, comme on disait alors, de travailler à la réunion des deux Églises. Cette réconciliation est donnée comme la préoccupation principale de tous ceux qui relèvent de sa doctrine. Jean de Parme passa plusieurs années chez les Grecs, et, sur la fin de sa vie, voulut aller mourir parmi eux[134]. Toute l'école de l'Évangile éternel, depuis Joachim jusqu'à Télesphore de Cosence, à la fin du XIVe siècle, n'a qu'une voix pour proclamer que l'Église orientale est supérieure à l'Église latine, qu'elle est bien mieux préparée à la rénovation qui va s'accomplir, que c'est par le secours des Grecs que la réforme triomphera de l'église charnelle des Latins, que cette réforme ne sera pas autre chose qu'un retour à l'Église spirituelle des Grecs. La Grèce est le refuge des *fraticelli* chassés d'Italie par Boniface VIII. Elle nous apparaît à cette époque comme le pays idéal auquel songeaient tous les réformateurs. «Peut-être, dit Fleury, avaient-ils été frappés de quelques bons restes de l'ancienne discipline qu'ils y avaient vus, surtout de la frugalité et de la pauvreté de leurs évêques, si éloignés du faste et de la grandeur temporelle des évêques latins de ce siècle[135].»

Quand on songe que la Grèce était le foyer du catharisme[136], dont les analogies avec les doctrines de *l'Évangile éternel* ne peuvent être méconnues, quand on voit d'ailleurs l'école de *l'Évangile éternel* suivre une voie toute semblable à celle du catharisme et s'identifier presque avec lui, on est tenté d'envisager la première de ces doctrines comme une branche détournée de la seconde, formée non par affiliation directe, mais par des influences secrètes et inavouées. Le catharisme semble ainsi avoir pénétré en Occident par deux routes et avoir déterminé, au moyen âge, deux courants d'hérésies parallèles, qui aboutissent presque au même résultat, se confondent dans l'opinion et sont arrêtées par les mêmes moyens. Ces affinités deviennent plus frappantes encore quand on surprend les auteurs contemporains attribuant à Amaury de Bène, dans les premières années

---

[133] Acta SS. Maii, t. VII, p. 91, etc.
[134] Salimbene, p. 148-149, 297, 319.
[135] *Hist. eccl.*, liv. LXXXIV, n° 35.
[136] Voir *l'Histoire des Cathares ou Albigeois*, de M. C. Schmidt, de Strasbourg, Genève, 1848.

du XIIIᵉ siècle, des doctrines analogues à celles de *l'Évangile éternel*[137]. Les doctrines d'Amaury avaient elles-mêmes la plus grande analogie avec celles des hérétiques d'Orléans de 1022 ; or, ces derniers, M. Schmidt les rattache sans hésiter à l'Église cathare[138].

Quoi qu'il en soit de ce point, il est impossible de douter que de telles idées de réforme ne répondissent à des besoins profonds. Même après leur condamnation, les idées joachimites continuèrent encore près d'un siècle d'agiter les esprits. Elles vivaient surtout dans le Midi de la France, où les écrits de la secte se copiaient avec activité et se passaient de main en main[139]. En 1260, un concile, assemblé à Arles par ce même Florent qui remplit les fonctions de promoteur auprès de la commission d'Anagni, condamne avec insistance les partisans des ternaires joachimites et ceux qui annonçaient comme prochains l'ère du Saint-Esprit, le règne des moines, la cessation des images, des figures, des sacrements. Cette même année, si longtemps annoncée comme fatale, vit en effet éclore plusieurs nouveautés, les folles tentatives de Gérard Ségarelle et de ses apôtres, la première épidémie de flagellants[140]. Jamais on ne vit un tel déluge de prophéties de toute espèce[141], ni tant de sectes de mendiants[142]. Le dernier écrit de Guillaume de Saint-Amour, qui date de la même époque, ce livre *De Antichristo*, qui nous est si bizarrement parvenu sous l'anagramme de Nicolas Oresme[143], est consacré presque tout entier à la réfutation des erreurs joachimites, contre lesquelles l'énergique défenseur de l'Université s'était si vivement escrimé, quel-

---

[137] Voir J.-M. Meyenberg, *De Pseudo-Evangelio æterno*, §§ 2 et 3. Saint Antonin attribue à Amauri des doctrines tellement identiques à celles de *l'Évangile éternel*, qu'il faut supposer qu'il en parlait, non d'original, mais par induction et d'après un type convenu pour toutes les sectes empreintes de catharisme et de mysticisme.

[138] *Histoire des Cathares*, t. I, p. 28 ; t. II, p. 151, 287. — Voir dom Bouquet, t. X, p. 35, 536, etc. ; *Cartulaire de Saint-Père de Chartres*, t. I, p. 100 ss, et l'introduction de M. Guérard, p. 219 ss.

[139] « Præsertim quum in partibus provinciarum quibus licet immeriti in part præsidemus, jam plurimos etiam litteratos hujusmodi phantasiis intellexerimus eatenus occupatos et illectos ut plurima super iis commentaria facta descripserint, et, de manu ad manum dando circumferentes, ad externas transfuderint nationes (concile d'Arles en 1260, dans Labbe, t. XIV, Col. 242). »

[140] Salimbene, p. 123-124, 228, 240 ; d'Argentré, *Coll. jud.*, 1, 367 ; *Histoire littéraire de la France*, t. XXI, p. 477. Voir la pièce publiée par M. Boutaric dans les *Notices et Extraits*, t. XX, 2ᵉ partie, p. 235-237.

[141] Salimbene, p. 234-235, 265 ss, 284, 303, 308.

[142] Salimbene, p. 109-124, 241-242, 262 330-331, 371-372, etc.

[143] Voir à cet égard la discussion de M. V. Le Clerc (*Histoire littéraire de la France*, t. XXI, p. 470 ss.). — L'ouvrage de Guillaume peut se lire dans Martène et Durand, *Amplissima collectio*, t. IX, col. 1273 ss.

ques années auparavant. Partout on se préoccupait de l'avenir de l'Église, de ses épreuves futures.

«Les uns, dit Guillaume, annoncent avec l'abbé Joachim qu'une ère pacifique va s'ouvrir par l'avènement du Saint-Esprit et l'apparition d'un troisième Testament, où les hommes seront exclusivement spirituels. D'autres, frappés du refroidissement de la charité et des maux qui se multiplient de plus en plus dans l'Église, annoncent pour la fin des temps l'apparition de prédicateurs excellents, qui ranimeront la foi ; d'autres enfin, promettant à l'Église de longs jours de paix et de prospérité, prétendent que sa vieillesse durera autant que ses autres âges et ne leur sera point inférieure.»

L'inflexible recteur de l'université se refuse à toutes ces hypothèses consolantes : il consacre son livre à exposer les sombres théories de l'Antéchrist, les horreurs de la dernière persécution, le débordement d'erreurs qui précédera le jugement. La cessation de l'Empire romain par le grand interrègne, l'arrivée de faux missionnaires (les mendiants) qui envahissent le champ des vrais pasteurs, l'aveuglement et la lâcheté des prélats, la translation de l'office de la prédication, la fausse sécurité où l'Église s'endort, la cessation des miracles, les progrès de l'infidélité, le refroidissement de la charité, et surtout l'annonce d'une loi nouvelle que l'on donne comme devant remplacer l'Évangile, paraissent à Guillaume les signes certains d'une catastrophe prochaine. Il s'élève à ce propos avec une grande force contre Joachim et ses disciples, contre ces ministres non du Saint-Esprit, mais de l'Antéchrist, qui osent dire que le Mane Thekel Phares a déjà été écrit sur les murs de l'Église, que les sacrements de la loi chrétienne vont finir, que le Saint-Esprit est encore à venir. Joachim n'a-t-il pas annoncé que, douze cents ans environ après l'incarnation du Christ, s'élèverait de Babylone un chef nouveau, pontife de la nouvelle Jérusalem, c'est-à-dire de l'Église à son troisième état ? Plus de soixante ans se sont écoulés depuis cette prédiction, et rien n'a paru[144]. Il n'est donc qu'un faux prophète.

Je sortirais du plan que je me suis tracé en essayant de suivre l'influence de *l'Évangile éternel* dans la deuxième moitié du XIIIᵉ et la première moitié du XIVᵉ[145]. S'il nous était donné d'écrire cette histoire, nous montrerions l'idée franciscaine et joachimite passionnant encore durant près d'un siècle une foule d'âmes

---

[144] Col. 1333-84. Dans le *De periculis novissimorum temporum* (p. 38), Guillaume, exprimant une pensée toute semblable, dit 55 ans, ce qui reporte la composition du *De Antichristo* cinq ans environ après celle du *De periculis*.

[145] Un des plus curieux ouvrages écrits sous l'influence de la philosophie de Joachim est le traité de symbolique chrétienne composé par Jacques de Carreto, et contenu dans le nᵒ 124 du fonds de Saint-Germain. Je signale ce volume singulier à quelque jeune paléographe.

enthousiastes ; nous assisterions presque à son triomphe, quand la papauté est tombée entre les mains du faible Pierre Célestin ; nous verrions le ferme successeur de ce pieux et incapable vieillard, Boniface VIII, réagir avec énergie contre les concessions de son prédécesseur, et la haine des *fraticelli*, inspirant les amères satires de frà Jacopone, contribuer puissamment à la réputation que ce pontife a laissée[146]. Vers le même temps, un religieux exalté, Pierre-Jean d'Olive, reprend dans le Midi de la France les doctrines les plus révolutionnaires de Gérard de San-Donnino[147], soutenant que le renouvellement du monde est à la veille de se faire, et qu'il s'accomplira par la règle de saint François observée à la lettre ; que, de même que le crucifiement du Christ a ouvert une ère nouvelle, de même le moment de la stigmatisation de saint François a mis fin à l'Église charnelle et marqué le commencement d'un âge où la vie évangélique sera pleinement pratiquée ; que c'est par les vertus et les travaux des frères mineurs que s'opérera la conversion des infidèles, des Juifs, de l'Église grecque, destinée à prévaloir sur l'Église charnelle des Latins ; que la règle de saint François étant vraiment la loi évangélique, il n'est pas surprenant qu'elle soit persécutée par l'Église charnelle, comme l'Évangile le fut par la Synagogue ; qu'il faut que l'Église charnelle, pour mettre le comble à ses crimes, condamne la règle de saint François ; que cette loi alors, mieux accueillie par les Grecs, les Juifs, les Sarrasins, les Tartares que par les Latins, reviendra avec ces nouveaux auxiliaires pour écraser Rome, qui n'a pas voulu la recevoir ; que cette Église communément appelée universelle, catholique et militante, est la Babylone impure, la grande prostituée, vouée à la simonie, à l'orgueil, à tous les vices, et finalement à l'enfer, de même que l'altière Vasthi a été répudiée et l'humble Esther couronnée. L'Église charnelle alors se desséchera, dévorée par la haine ardente qu'elle aura vouée à la doctrine des saints.

Nous verrions autour de Pierre-Jean d'Olive une foule d'hommes remplis d'un zèle ardent et pur, prêcher plus fermement que jamais la réforme du monde par la pauvreté, et leur mémoire rester suspendue entre la canonisation et l'anathème, selon que l'admiration excitée par leur noble caractère ou l'horreur de leurs témérités l'emporte, hérétiques pour les uns, saints à miracles pour les

---

[146] Voir dom Luigi Tosti, *Storia di Bonifazio,* VIII, I, p. 183 ss, 188 ss. Les prophéties joachimites sur ce pape sont un flot de haine : « Ecco l'huomo della progenie di Scarioto… Neronicamente regnando, tu morirai sconsolato… Perchè tanto desideri il babilonico principato ?… »

[147] Guy de Perpignan, en sa *Summa de hæresibus,* identifie expressément les erreurs de Joachim et celles de Pierre-Jean d'Olive. Voir les pièces publiées par le père Jeiler, dans l'*Historisches Jahrbuch der Görres Gesellschaft,* III, p. 648-659, et par le p. Zighara, *De mente concilii Viennensis in definiendo dogmate unionis animæ humanæ cum corpore,* Rome, 1878, p. 106 ss. Comp. Zeilschrift für Kirchengesch., t. VI, 1883, p. 132-133.

autres. Bernard Délicieux, l'ardent ennemi de l'inquisition, est un joachimite ardent[148]. Les mêmes prétentions relevées par Ubertin de Casal, frà Polcino, Michel de Césène, acquièrent une importance politique et sociale toute nouvelle par l'alliance de la partie exaltée de l'ordre de saint François avec Louis de Bavière. Une fois encore nous verrions la question de la pauvreté diviser le monde chrétien, allumer des bûchers, créer un antipape ; nous verrions un général des frères mineurs, Michel de Césène[149], défendre la pensée franciscaine contre la papauté, et chercher hors de l'Église un appui contre l'Église, qui le condamnait. Le tiers ordre de saint François nous paraîtrait comme le foyer principal d'où émanaient ces sectes, moitié religieuses, moitié laïques, dont l'ambition effraya l'Église et la société civile : béguins et béguines, *fraticelles*, frérots, bizoques (*binzocchieri*, frères bis, bisets), *barbozati*, frères pyes, frères agaches, frères aux sacs, frères de la pauvre vie, flagellants, lollards, apostoliques, apôtres même (car ils allaient jusqu'à se donner ce nom), auxquels correspond l'apparition de plusieurs messies apocryphes, prétendues incarnations du Saint-Esprit, tels que Gonzalve de Cuença[150].

Qu'une pensée hardie et populaire se cachât sous ces dehors monastiques, c'est ce qu'on ne saurait mettre en doute, quand on entend tous les sectaires ci-dessus désignés déclarer unanimement qu'ils ne relèvent que de Dieu, qu'ils ne sont assujettis à aucune obédience, qu'ils imitent la vie du Christ et des apôtres, et que toute l'autorité de l'Église romaine, de cette Église condamnée à cause de la malice des cardinaux et des prélats, a passé au peuple[151]. L'habit monacal n'était souvent, au moyen âge, qu'un sauf-conduit, une garantie d'inviolabilité, souvent aussi un prétexte pour le vagabondage, comme le prouvent les innombrables décrets des conciles provinciaux contre les moines et les écoliers gyrovagues, portant indûment le vêtement religieux. L'habit de saint François, confinant à celui du mendiant, servit ainsi, en Italie et dans le Midi de la France, à couvrir de dangereuses associations populaires, les unes condamnant le travail, érigeant la mendicité en devoir, proclamant que la perfection serait d'aller nu, que la prière n'est efficace que quand on la fait nu, pleines de déclamation et de colère contre les riches et les hommes du monde ; les autres déclarant qu'elles seules avaient

---

[148] Hauréau, *Bernard Délicieux*, Paris, 1877, p. 154-155.

[149] Les doctrines de Michel de Césène étaient mot pour mot celles de Joachim, telles que les interprétaient Jean de Parme et Gérard de San-Donnino. Voir Baluze, *Miscell.*, t I, p. 272 ss.

[150] Cf. *Direct. inq.*, p. 200 ; d'Argentré, I, p. 176 ; Fleury, liv. XCI, §§ 42, 59, 60 ; XCVI, § 36 ; Tosti op. cit., I, p. 185 ss ; Schmidt, *Histoire des Cathares*, fréquemment, et surtout la *Summa de hæresibus* de Guy de Perpignan, Paris, 1528, in-fol.

[151] *Direct. Inq.*, p. 201 ss.

le droit de faire descendre le Saint-Esprit par l'imposition des mains, qu'on ne pouvait se sauver que dans leur ordre, que les prélats de l'Église charnelle ne méritaient que le mépris, que tous les papes, depuis saint Sylvestre, n'avaient été que des séducteurs, à l'exception toutefois de Pierre Célestin, que nulle excommunication ne pouvait les atteindre, puisque la règle de saint François est supérieure au pape et à l'Église. L'ordre de saint François, dans son ensemble, avait droit assurément de repousser la responsabilité de ces extravagances ; cependant l'opinion qui supposait des liens de parenté entre les familles diverses de mendiants religieux reposait sur des fondements réels. La même confusion avait lieu pour les Cathares, que la longueur de leur vêtement et leur extérieur austère faisaient souvent ranger parmi les frères du tiers ordre sous le nom de bonshommes et de cagots. Que l'on parcoure les registres de l'inquisition de Toulouse et de Carcassonne[152], on y verra non sans étonnement que tous les condamnés de ce redoutable tribunal sont des frères du tiers ordre ou des béguins. On s'en tenait à l'extérieur et souvent à des indices plus légers encore, témoin ces inquisiteurs qui envoyaient au bûcher des malheureux suspects de catharisme, uniquement à cause de la pâleur de leur teint : *audierat enim eos solo pallore notare hæreticos, quasi quos pallere constaret, hæreticos esse certum esset*[153].

On ne saurait se figurer, à moins d'avoir parcouru les documents originaux que nous venons de citer, l'importance que de telles sociétés secrètes et errantes avaient acquise dans le Midi de la France. La corruption du clergé provoquait ces réactions, pires encore que le mal. Il est remarquable, en effet, que, chez les auteurs du temps qui nous ont réellement transmis l'écho de l'opinion publique, toutes les sympathies sont pour les béguins et les Cathares : ceux-ci sont les saints et les purs, les prêtres orthodoxes au contraire sont les hérétiques[154]. Le même fait se produisait d'une manière non moins frappante en Lombardie. Milan surtout était devenu un centre redoutable d'hostilité contre l'Église. Le catharisme y était ouvertement professé. En 1280, la béguine Guillelmina s'y fit passer pour le Saint-Esprit, et après sa mort il se fit des miracles sur son tombeau. Au milieu

---

[152] Ph. de Limborch, *Hist. Inquis.*, cui subjungitur liber sententiarum lnquis. Tolosanæ ab anno 1307 ad 1323 (Amsterdam, 1692). — Baluze, *Miscell.*, t. I, p. 213 ss. — Manuscrits de Saint-Germain, nos 395, 396 (*Actes de l'Inquisition de Toulouse*, de 1285 à 1304, inédits), et plusieurs pièces de la collection Doat. Comparez ancien fonds, n° 6193. Etudiez le procès de Bernard Délicieux (Hauréau, *op. cit.*). La bibliothèque de la Minerve à Rome possède beaucoup de pièces du même genre. Voir surtout les extraits de la *Practica* de Bernard Gui, dans Molinier, *L'Inquisition dans le Midi de la France*, p. 230-231.
[153] Gesta episcoporum Leodiensum, dans Martène et Durand, *Ampliss. Collectio*, t. IV, col. 901.
[154] Voir C. Schmidt, *Histoire des Cathares*, t. I, p. 189.

de l'extrême complication des luttes de ce temps, il est d'ailleurs très difficile de tracer toujours avec certitude les limites des différents partis. Les contraires faisaient souvent alliance : c'est ainsi que nous voyons les Cathares ouvertement protégés par les gibelins, et le parti franciscain exalté allié plus d'une fois à l'empereur contre le pape.

Mais ni ces coalitions trompeuses, ni aucun des stratagèmes par lesquels les sectaires cherchaient à donner le change à l'autorité, ne suffisaient pour les protéger. L'Église romaine, secondée par un ordre autrement discipliné que celui de saint François, ne cessa de poursuivre les associations populaires qui sortaient de la règle d'Assise. D'une part, elle essayait de régulariser les parties inoffensives de ces foules dévotes ; de l'autre, elle faisait aux parties séditieuses la terrible guerre de l'immuration et du bûcher. Ce fut par milliers que les frères du tiers-ordre et les béguins furent brûlés dans le Nord de l'Italie, dans le Midi de la France, en Flandre et en Allemagne, tandis qu'ailleurs ils passaient pour des saints, et faisaient arriver leurs adeptes aux honneurs de la canonisation populaire. Même contradiction dans les textes historiques sur le caractère de leur vie et de leurs mœurs. Ici on les présente comme des oisifs, se plaisant dans le vagabondage et la mendicité, livrés aux plus ignobles dépravations ; là, comme des associations laborieuses, vivant de leur travail et dans une grande pureté de mœurs. Il est probable que, suivant les différents pays et selon les noms divers que recevaient les associations, de tels jugements avaient leur vérité. Ces pauvres gens n'avaient de commun qu'un vêtement analogue à celui des religieux mendiants, un air austère et dévot qui les faisait aimer du peuple, les rendait suspects aux gens d'église, et les faisait railler des gens d'esprit et de qualité.

Le moyen âge appliquant le nom d'hérésie à toute déviation de la règle tracée par l'Église, on ne manqua pas de le leur appliquer. Ce mot ne doit pas faire supposer qu'ils eussent toujours une doctrine cachée et un symbole arrêté. Quelquefois, sans doute, des idées cathares, plus souvent encore les idées de l'Évangile du Saint-Esprit, se cachaient sous le vêtement de ces petits moines ; mais le plus souvent leur hérésie n'était que dans le caractère dangereux ou suspect de leur manière de vivre. Après le milieu du XIVᵉ siècle, ces associations ne sont plus que des confréries pieuses, assujetties à l'Église, réglées par elle, et c'est ainsi qu'elles se sont prolongées jusqu'à nos jours en Belgique, en Italie et dans le Midi de la France. La pensée de réforme qu'elles renfermaient à l'origine, limitée sans cesse par l'Église officielle, par les universités, par la société laïque, fut ainsi étouffée ou bornée à un petit nombre d'adeptes, réduits à l'impuissance par l'esprit dominant de leur ordre et de leur siècle.

Ces aspirations vers un avenir religieux inconnu reparurent cependant encore par intervalles jusqu'au seuil des temps modernes, et même au-delà. Le déplorable spectacle que représentait la papauté, à la fin du XIVe siècle et au commencement du XVe, excita de nouveau les imaginations. Le prophète avignonnais Jean de Rochetaillade rivalisa parfois avec Joachim de sévérité contre le haut clergé et de hardiesse chrétienne[155]. Un ermite de Calabre, Télesphore ou Théolosphore de Cosence, essaya de relever le nom de l'autorité de son compatriote Joachim[156]. Le matin du jour de Pâques de l'année 1386, comme il pleurait sur les douleurs du grand schisme et sur le déclin de l'Église, un ange lui apparut et lui ordonna de lire les prophéties de Cyrille et de Joachim, en lui annonçant qu'il y trouverait la prédiction des malheurs présents et de la fin que Dieu y réservait. Télesphore s'empressa de recueillir les prophéties de Joachim qu'il trouva répandues dans les monastères de Calabre, et écrivit un livre pour en faire l'application à son siècle. Il essaya de démontrer au moyen de ces mystérieux oracles que l'Église romaine était à la veille d'être exterminée par les Grecs, les Sarrasins, les Tartares, instruments de la colère divine, lesquels la purifieraient en lui enlevant les biens temporels qui l'avaient corrompue — qu'à la place du faux pontife apparaîtrait un pasteur angélique, qui, unissant ses forces à celles de l'empereur, ferait fleurir par toute la terre *l'Évangile éternel*[157]. Ce sera le règne du Saint-Esprit, âge de perfection et de bonheur, où disparaîtront les schismes et les scandales qui ont affligé l'Église aux siècles passés. L'intelligence alors sera pour tous, car la vie contemplative sera ouverte à tous, sans qu'on ait besoin du ministère des docteurs. Les Grecs et les Juifs, que la loi évangélique n'a pas eu la force de s'assimiler, se convertiront et surpasseront à leur tour l'ancien peuple latin en sainteté et en ferveur. C'était, on le voit, une reproduction pure et simple des rêves de Joachim, de Jean de Parme, de Pierre-Jean d'Olive.

En 1388, ces idées furent prêchées de nouveau à Paris par un certain Thomas de Pouille, lequel annonçait après mille autres l'avènement du règne du Saint-Esprit, la fin de la domination des prélats, et proclamait l'inutilité des sacrements. L'évêque de Paris, Pierre d'Orgemont, le livra au bras séculier; mais, depuis le règne de Charles V, le bon sens avait pris quelques droits dans le monde: les mé-

---

[155] D'Argentré, *Coll. jud.*, 1, p. 374-76; Fleury, liv. XCVI, § 33.
[156] Acta SS. Maii, t. VII, p. 139-140. — Meyenberg, *De Pseudo-Evangelio æterno*, p. 21 ss. *Histoire littéraire de la France*, t. XXV, p. 257. — Extraits de Laporte Du Theil, t. IX, p. 100 (n° 1108 Ottobonten).
[157] « Insurget sanctissima et nova religio, quæ erit libera et spiritualis, in qua romanus pontifex dominabitur spiritualiter in omni gente a mari usque ad mare. Erit autem illud in tempore vel circa tempus persecutionis Babylonis novæ, id est Romæ, tempore angelici Pastoris, quando afflicta nimis ecclesia liberabitur a jugo servitutis illius. »

decins le déclarèrent fou, et on ne brûla que son livre[158]. Guillaume de Hildernissem et les «frères de l'intelligence» renouvelèrent les mêmes doctrines dans les pays flamands vers 1411[159]. Ils trouvèrent dans Pierre d'Ailly, alors évêque de Cambrai, un autre Guillaume de Saint-Amour, je veux dire un zélé gardien de la tradition gallicane, tradition essentiellement épiscopale, toujours opposée à l'esprit sectaire et monacal.

Le XVIᵉ siècle vit se renouveler plus d'une fois les mêmes songes[160]. Il est bien remarquable que, pour les premiers auteurs de la Réforme, Joachim fut un auxiliaire. Ses ouvrages apocryphes furent lus avidement par les publicistes protestants, jaloux de se trouver des ancêtres. J. Wolf, en particulier, dans la compilation qu'il intitula *Lectionum memorabilium et reconditarum centenarii XVI* (Lauingen, 1600), réunit tous les passages de Joachim et des joachimites qui favorisaient les doctrines ou les antipathies de ses coreligionnaires[161]. On ne peut imaginer un concert plus bizarre de malédictions. Ceux qui regardent le moyen

---

[158] D'Argentré, *Coll. jud.*, I, 2ᵉ partie, p. 151.

[159] D'Argentré, *Coll. jud.*, I, 2ᵉ partie, p. 207.

[160] Voir sur ce point la monographie de Meyenberg, déjà plusieurs fois citée.

[161] Voici quelques-uns de ces curieux passages (Wolf, I, p. 488 ss). Je les ai vérifiés pour la plupart, et les ai trouvés exacts: «Nullus populorum legitur ad tantam amaritudinem perduxisse Romanam Ecclesiam sicut domesticus Alemannus. — Videat. Ecclesia si, de acceptandis et improbandis electionibus principum, confusionis maculam non incurrit: qui tangit picem inquinatur ab ea; qui communicat superbo induet superbiam. — Intra Ecclesiam romanam sunt mercenarii Plurimi non pastores, qui etiam bestiæ dicuntur a vastando, dracones a sæviendo, struthiones a simulando, sirenæ a luxuriando, pilosi a propinquos amando. — Transcendit papale Prætorium cunctas curias in calumniosis litibus et quæstibus extorquendis. — Ad Petrum dictum fuit: quum senueris, alius te cinget et ducet quo tu non vis. — Quid dicam de summo pontifice Aarone, qui modernos præsules repræsentat, qui ad instantiam populi qui egressus fuerat de Ægypto vitulum conflavit et sculptile, quod totum ad librum Decretalium referendum est, in quo omnis dolus et calumnia perseveral: ac per hoc curia sedis Petri nullum pontificat qui hujus simulacra non adorat. — Quod Deus minus puniet laïcos quam clericos et prælatos, quia minus voluntatem Dei cognoverunt. — Quod principes Alemannorum jura temporalia excudient ab Ecclesia romana. — Quod Ecclesia Prius confundenda et spolianda et prædanda ac captivanda est ab Imperio. Quod Ecclesia putabit ut Imperium Alemannorum et regnum Franciæ sibi favorem impenderent et a cunctis molestiis eam liberarent, sed nihil ab eis habebit prosperum. — Quod auctor usque modo prohibitus est revelare et denudare ignominiam matris suæ Ecclesiæ, sed nunc cogitur prodere ejus iniquitates. Ait enim: Pudorem mihi ingero, quia meæ matris pudenda denudo. — Quod oppressi ab ecclesiasticis clamant ad Deum dicentes: O Deus quousque non vindicas sanguinem innocentum sub altari clamantium. — Quod Ecclesia Latina et Romana graviora quam Græca passura est in proximo, quia nequiora commisit. — Quod ipsi prælati et Ecclesia carnalis erubescere deberent ad redargutionem virorum spiritualium et doctorum et a culpa desistere. Sed quia factus est eis frons meretricis, et induruit malitia, nolunt erubescere. — Quod apprehendendus est Petrus, scilicet summus pontifex, et ligandus, etc.»

âge comme l'époque de la parfaite soumission à l'Église seraient surpris de ce ton d'hostilité implacable et de rage concentrée.

Nous nous abstiendrons de rechercher si, de nos jours, Joachim pourrait encore réclamer quelque postérité légitime[162]. Pour conserver un sens précis au mot d'Évangile éternel, nous croyons qu'il faut le restreindre à la première phase de ce vaste mouvement, dont le centre est dans l'ordre de saint François et qui devait aboutir à de si curieuses aberrations populaires. Telle qu'elle est, malgré ses défaillances et son mauvais succès, cette tentative n'en est pas moins l'essai le plus hardi de création religieuse dont les siècles modernes offrent l'exemple, et l'on peut dire qu'elle eût changé la face du monde, si toutes les forces disciplinées et réfléchies du XIIIe siècle ne l'eussent brusquement arrêtée. L'Église romaine, l'Université de Paris, l'ordre de saint Dominique, le pouvoir civil, si souvent ennemis, se trouvèrent ligués contre des prétentions qui n'allaient à rien de moins que changer les conditions fondamentales de la société humaine. L'atrocité des moyens employés pour anéantir ces étranges doctrines nous révolte ; une foule d'instincts louables furent enveloppés dans la condamnation qui les frappa ; on peut dire néanmoins que le véritable progrès n'était pas avec ces bons sectaires. Il était dans le mouvement parallèle qui portait l'esprit humain vers la science, vers les réformes politiques, vers la constitution définitive d'une société laïque. Dès 1255, on put déjà reconnaître que le progrès, comme l'entendent les sociétés modernes, vient d'en haut et non d'en bas, de la raison et non de l'imagination, du bon sens et non de l'enthousiasme, des hommes sensés et non des illuminés qui cherchent dans de chimériques rapprochements les secrets de la destinée. Certes le penseur ne peut que saluer avec respect l'homme qui, pénétré d'une haute idée de la vie humaine, proteste contre l'imperfection nécessaire de tout état social, et rêve une loi idéale conforme aux nobles besoins de son cœur ; mais tous les efforts humains ne sauraient déplacer la limite du possible. Le monde est le résultat de causes trop compliquées pour qu'on puisse espérer de le faire tenir dans les cadres d'un système absolu. Aucun symbole ne saurait exprimer la marche de l'humanité dans le passé, encore moins contenir la règle de son avenir.

---

[162] Comment oublier cependant le beau roman de *Spiridion*, où la figure de Joachim a été heureusement devinée et introduite dans l'ensemble du tableau avec un art merveilleux ? Mme Sand tenait ses indications à cet égard de M. Pierre Leroux.

Table des matières

Introduction 4

I — Joachim de Flore 5

II — Discussion sur l'authenticité des ouvrages de Joachim de Flore 8

III — L'école franciscaine exaltée. Jean de Parme. 16

IV — Documents originaux qui servent à éclaircir la question de « l'Évangile éternel » 20

V— Le livre de « l'Évangile éternel » 25

VI — La doctrine de « l'Évangile éternel » 34

VII — Fortunes diverses de la doctrine de « l'Évangile éternel ». 46